Templarios y esenios

Sus misterios y sus enigmas

Ramiro de Obieta

Templarios y esenios
Sus misterios y sus enigmas

EC EDICIONES DEL CLUB

de Obieta, Ramiro
   Templarios y esenios: sus misterios y sus enigmas
   –1° ed.– Buenos Aires: Andrómeda, 2004.
   192 p.; 20x13 cm.

   ISBN 950-722-152-2

   1. Espiritualidad. I. Título
   CDD 291.4

Edición especial para Club del Libro S.A.

Andrómeda Ediciones
Director Editorial: Carlos Alberto Samonta
andromedaediciones@fibertel.com.ar
Diseño de interior: Carla Daniela Samonta
andromedaproduccion@fibertel.com.ar

©2005, Andrómeda
ISBN 950-722-152-2
Se ha hecho el depósito de ley 11723
Impreso en Argentina – Printed in Argentina

Ninguna parte de esta publicación, incluido el diseño de la tapa, puede ser reproducida, almacenada, o trasmitida en alguna manera ni por ningún medio, ya sea electrónico, químico, mecánico, óptico, de grabación o fotocopia sin previa autorización del editor.

Se hicieron 1.000 ejemplares en A.B.R.N.
Wenceslao Villafañe 468
Buenos Aires, Argentina
Enero de 2005

ÍNDICE

Introducción 11

Primera parte:
La Edad Media 15
　Los antecedentes históricos 15
　El contexto social 21
　El contexto político y económico 28
　El contexto eclesiástico 32
　Las Cruzadas 35

Segunda parte:
Los templarios 47
　El origen 47
　La vida cotidiana 67
　Las costumbres 67
　La evolución 79
　La expansión militar y territorial 79
　El fin 92
　Misterios y fantasías en torno a los templarios 107
　El sello templario 109
　El Arca de la Alianza y la arquitectura templaria 109
　El descubrimiento de América 111
　Los testimonios de la acusación 112
　La sucesión templaria 119
　Los tesoros templarios 122

Tercera parte:
El enigma de los esenios 125
　Los antecedentes históricos 125
　Los manuscritos del Mar Muerto 127
　El origen 137
　La estructura de la comunidad 154
　La desaparición 159

Cuarta parte:
Templarios y esenios: un misterio compartido 163
Los enigmas que los relacionan 163

Apéndices
Cronología histórica templaria 179
Cronología de los Papas: desde 1073 hasta 1314 187
Cronología de la Sábana Santa 188

Al Hermano Andrés de Burgos, el último templario.

INTRODUCCIÓN

Non nobis, Domine, non nobis... sed Nomini tuo da gloriam.[1]

En las profundidades de la Alta Edad Media, entre las guerras santas, las invasiones de sarracenos[2] y vikingos, el hambre y la enfermedad, surgió en el seno de Francia una nueva orden de caballeros: los monjes soldados.

La historia de los templarios debe ser vista a la luz de una serie de acontecimientos previos y que dieron lugar a su formación: la caída del Imperio Romano favoreció el surgimiento de dos nuevos imperios con sedes en Roma y Constantinopla; así, Bizancio pasó a ser, luego del derrumbamiento del territorio occidental, el único a cargo de los Santos Lugares. Pero, el avance del islamismo, las continuas invasiones sarracenas y turcas hicieron peligrar Jerusalén, que finalmente cayó.

Por su parte, la fundación de las órdenes monacales, regidas por las reglas benedictinas, sentaron normas para el desenvolvimiento de los eclesiásticos, así como la reforma gregoriana y la futura regla de los soldados del Temple.

La importancia de la caballería medieval y el desenvolvimiento de la Primera Cruzada fueron los pilares definitivos para el

---

1. "No a nosotros, Señor, no a nosotros, sino a tu Nombre sea concedida la gloria", era la divisa de los templarios.
2. Del griego, *sarakenoi*. Es el nombre que dieron los cristianos de la Edad Media y los historiadores occidentales más modernos a los árabes en general, así como a otros pueblos musulmanes del Oriente Próximo, aunque originariamente, era una tribu del norte de Arabia mencionada por ciertos autores antiguos.

surgimiento de la nueva Orden: monjes y guerreros protegieron con armas a Tierra Santa desde el momento de su recuperación por parte de los cruzados y a los constantes viajeros en su peregrinación a los Santos Lugares. También debieron combatir en la península ibérica que estaba tomada por los *infieles*.

A lo largo de los caminos de peregrinación y en cada comarca legada fueron fundando encomiendas que desempeñaron la función de verdaderos bancos durante el Medioevo. Durante los dos siglos que duró la orden, los templarios amasaron una descomunal riqueza, se extendieron por toda Europa y, aunque siempre inmersos en un aire de misterio, progresaron en muchas ramas del saber, introdujeron muchas corrientes de pensamiento en Europa, edificaron por toda ella con su impresionante románico: religioso y militarmente estratégico; dotado de gran simbolismo.

Luego de la pérdida definitiva de Jerusalén, las rencillas internas con la otra orden militar, los Hospitalarios, los monjes se recluyeron en la isla de Chipre como bastión cercano a la ciudad perdida. Pero su final había empezado a escribirse: la codicia desmedida de riqueza y poder de un rey francés y la dependencia servil del Papa a este soberano, llevaron a los templarios a manos de la Inquisición.

Duras acusaciones cuestionaban la religiosidad de la orden y provocaron la muerte de los caballeros en la horca o quemados vivos, como el último Gran Maestre —Jaime de Molay—, lo que permitió consiguir la supresión de la orden. Hasta su fin, el Temple fue motivo de intrigas y leyendas.

En los últimos años hemos asistido a una proliferación de estudios, alumbrados por la extraña huella esotérica que sucedió a la desaparición de la Orden. A partir de las acusaciones que recibieron y que, en muchos casos, reconocieron luego de pasar por torturas y vejámenes de todo tipo, surgieron esas versiones que afirman que veneraban ídolos extraños, rechazaban la cruz, practicaban la homosexualidad y tantas denuncias que se irán analizando poco a poco y a la luz de las nuevas investigaciones.

Precisamente, una de las asociaciones que con más fuerza ha surgido a partir del descubrimiento de los manuscritos del

Mar Muerto, en el año 1947 —que confirma la existencia de la secta judía de los esenios— es aquella que establece una relación estrecha entre los templarios y los propios esenios, si bien estos desaparecieron como comunidad en el año 68 d.C. Tal relación estaría dada por ciertos elementos en común en ambos grupos religiosos: disciplina, organización, vestimentas, ascetismo y pobreza, religiosidad, custodia de tesoros místicos trascendentales...

Para promover una lectura más cooperativa se incluyen en el apéndice las cronologías de los principales acontecimientos relacionados con el Temple, como así también la lista de papas y Maestres de la orden que se desempeñaron en esos oscuros años medievales.

Primera parte:
La Edad Media

Los antecedentes históricos

La caída del Imperio Romano

En el siglo II d.C., el Imperio Romano pasaba por su mejor momento: territorialmente, se extendía desde Britania hasta Arabia y protegía a innumerables razas, culturas y religiones. Si bien fue creado sobre la base de guerras y conquistas, la autoridad imperial romana proporcionaba paz, estabilidad y prosperidad a quienes vivían tras sus bien protegidas fronteras. Pero la presión creciente de los pueblos que vivían más allá de estas lo debilitaron, facilitando su caída.

Por ese entonces, el extenso Imperio Romano estaba dividido en provincias, cada una de ellas con su propia administración judicial. La política de Roma consistía en convencer a los dirigentes naturales de las provincias de que tomaran parte en el gobierno local y su lealtad fuera retribuida con la ciudadanía romana. Aunque hubo una religión del Estado, los diferentes pueblos que vivían dentro de los límites del imperio adoraban a centenares de dioses; los romanos se mostraban tolerantes con cualquier religión que no practicara sacrificios humanos. Pero todos los ciudadanos debían rendir culto al emperador y hacer sacrificios a los dioses romanos. Los judíos y los cristianos, por negarse a ello, sufrieron numerosas persecuciones.

Se animaba a todos los pueblos del Imperio a adoptar el modo de vida propio de los romanos. El ejército, por su parte, era quien debía difundir esa manera de vivir. Los provincianos podían alistarse en regimientos *auxiliares* o de apoyo, de ese modo, los hombres que servían en la milicia aprendían latín, la lengua común imperial, y al licenciarse recibían la ciudadanía romana. Tanto en Britania como al otro lado del Danubio, en Palestina o en el norte de África, se construían ciudades según un mismo plan urbanístico, con los servicios esenciales para una vida civilizada: acueductos, termas, teatros, etc. En Occidente, el latín llegó a sustituir a la mayoría de las lenguas locales, aunque en Britania sobrevivió el celta y en los Pirineos, el vasco. Las lenguas romances —italiano, francés, español, catalán, portugués y rumano— se desarrollaron a partir de variedades regionales aunque no experimentaron el mismo proceso en las provincias orientales, donde el griego siguió siendo el idioma más utilizado.

La prosperidad empezó a decaer en el siglo III. La creciente presión ejercida por los pueblos bárbaros sobre las fronteras obligó a fortalecer las defensas. El imperio fue salvado por Diocleciano (reinado, 284-305) que lo dividió en dos partes: la occidental y la oriental, cada una con su propio emperador, para una protección más eficaz. Con el tiempo llegó a haber dos capitales: Roma en el Oeste, Constantinopla en el Este.

A fines del siglo IV los hunos emigraron a Europa oriental. El imperio occidental fue incapaz de frenar las invasiones de la Galia, España y el norte de África. En tiempos de Atila (reinado, 434-53), llamado el "azote de Dios", lo saquearon hasta que fueron vencidos en las campos Cataláunicos. Era demasiado tarde para salvar al imperio occidental, que se había hundido al ser depuesto su último emperador en el 476. En cambio, el sector oriental pasaría a convertirse en el Imperio Bizantino.

Tras la caída del Imperio Romano empezó en Europa occidental un largo período de decadencia: la Alta Edad Media. Se volvió a un modo de vida sencillo, el comercio decayó y las ciudades casi perecieron, el poder estaba en manos de reyes locales. Los campesinos acudían en busca de protección a los poderosos señores locales y, a cambio, renunciaban a su libertad, a la propiedad de las tierras que cultivaban y a parte de su cosecha anual: tal era la condición de los siervos, lo que se llamaba la *servidumbre*. La recuperación se inició entre los francos y, a fines del siglo VIII, el más grande de sus reyes, Carlomagno, llegó a controlar casi toda Europa Occidental, si bien tras su muerte su imperio se disgregó. Al culminar el siglo X el poder había pasado a manos de los emperadores germánicos. Excepto en los círculos de la Iglesia cristiana, la alfabetización desapareció por completo. Administrativamente, esta mantenía el orden romano:[3] estaba organizada en diócesis regidas por un obispo y tras la caída del Imperio, la estructura sobrevivió. Aún en ruinas, la ciudad de Roma seguía siendo importante como sede del Papa, que fue reconocido en Europa occidental como jefe de la Iglesia.

En 711 apareció una nueva amenaza en Europa: un ejército musulmán de árabes y beréberes del norte de África invadió España y conquistó, sin dificultad, el reino visigodo. Con excepción del pequeño reino cristiano de Asturias —en las montañas del Norte— la península ibérica quedó absorbida por el califato Omeya.

Carlomagno y los primitivos reinos

Carlomagno (reinado 768-814) fue el más importante de los reyes francos[4]. Interrumpió el avance de los musulmanes en España y en treinta años de campaña ininterrumpida logró doblar el tamaño del reino franco. Fue coronado emperador en Roma por el Papa en la Navidad del año 800. Pretendió, así, haber restaurado la Edad de Oro del Imperio Romano. Con respecto a la religión, Carlomagno era un devoto cristiano; creía que Dios le había encomendado el cuidado de sus súbditos y promulgaba leyes para que llevaran una vida digna y piadosa. Estimuló la reforma del clero y financió el renacimiento del saber monástico. Gran parte del actual conocimiento de la literatura latina clásica se debe a las copias realizadas por monjes franceses. Además envió misioneros al norte de Alemania para convertir a los sajones.

---

3. De allí el apelativo de "romana" de la Iglesia Católica Apostólica Romana.
4. Aproximadamente, los francos abarcaban una zona más extensa que la Francia actual.

Durante su reinado se produjo en Europa occidental una recuperación de la actividad económica, así como un renacimiento del comercio marítimo. En la década del 790 empezaron a frecuentar las costas francas y británicas barcos piratas vikingos de Dinamarca y Noruega. Su objetivo eran los monasterios ricos e indefensos. Hacia el 830, tras la muerte de Carlomagno, aumentaron sus ataques. Disponían de veloces barcos y cuando se lograba reunir un ejército para hacerles frente, ya habían desaparecido.

A fines del siglo IX, empezaron a instalarse en Gran Bretaña, Irlanda y el noroeste de Francia. Navegaron más lejos que hasta entonces y colonizaron las islas Feroe, Islandia y Groenlandia. Llegaron, inclusive, hasta América del Norte hacia el año 1000. Los vikingos procedentes de Suecia abrieron rutas comerciales por los ríos de Europa oriental hasta alcanzar el Mar Negro y Constantinopla. Recibían el nombre de "rus" y fundaron la dinastía gobernante de Kiev, que dio origen al Estado medieval ruso.

En la ex Britania romana, Wessex interrumpió el avance de los ejércitos vikingos con su rey Alfredo el Grande (reinado 871-99) al frente. En el 954 sus sucesores ya los habían expulsados y, de este modo, unieron toda Inglaterra bajo una única corona.

El imperio Franco no recuperó su anterior fuerza; entre sus gobernantes seguía reinando la desunión, y en el 889 se disgregó definitivamente, y surgieron Francia y Alemania como los reinos más grandes. Además, Europa se enfrentaba a nuevas invasiones de los magiares —húngaros—, jinetes nómadas guerreros del centro europeo. Sus incursiones causaron grandes daños hasta que los frenó el rey germano Otón I (reinado 936-73) que en la batalla de Lechfeld anexionó el norte de Italia, convirtiéndose en el gobernante más poderoso de Europa. Al año siguiente fue coronado emperador y fundó el Sacro Imperio Romano Germánico.

El Imperio Bizantino

Constantinopla fue la capital del Imperio Bizantino que descendía directamente del Imperio Romano de Oriente. En el siglo y sus territorios abarcaban Grecia, Anatolia, Siria, Palestina y Egipto. Sobrevivió más de mil años a la caída del imperio de Occidente y, finalmente, sucumbió en 1453 cuando los turcos tomaron su ciudad principal.

Normalmente se toma el reinado de Heraclio como fecha de inicio del Imperio Bizantino. La mayor parte de la población de Europa oriental hablaba griego, entonces se estableció como lengua oficial del Imperio y sustituyó al latín. La principal reforma de Heraclio fue la introducción de unos distritos militares de reclutamiento llamados *themes*. Allí, los soldados cultivaban el campo en tiempos de paz, y en épocas de guerra los integrantes de cada *theme* formaban una unidad. Este sistema mejoró las defensas del Imperio al proporcionar un contingente seguro de milicias que podían movilizarse rápidamente.

En el 633, antes de que se recuperara de una reciente guerra con Persia, el Imperio Bizantino fue atacado por un nuevo enemigo: los árabes musulmanes. Se apoderaron de Siria y, tras una victoria decisiva en el río Yarmuk (636), prosiguieron con la conquista de Palestina, Egipto y gran parte del norte de África. Poco después, hacia el 679, los búlgaros cruzaron el Danubio para establecer un Estado independiente en territorio bizantino, de donde procede el nombre del moderno Estado de Bulgaria. Como resultado de las reformas de Heraclio, el Imperio logró sobrevivir y rehacer su potencia militar a pesar de las pérdidas territoriales. En 1014, Basilio II (reinado 976-1025) derrotó a los búlgaros en Balatista y situó la frontera en el Danubio. Bizancio resultó la principal potencia de Oriente Medio y Europa.

Durante el siglo XI los turcos seléucidas de Asia central conquistaron la mayor parte del Imperio Árabe y fueron convertidos al Islam. En 1071 invadieron el Imperio Bizantino e infligieron una severa derrota a su ejército en la batalla de Manzikert. La ocupación seléucida de Anatolia fue un golpe muy duro, pues era la parte más poblada del Imperio y la que proporcionaba mayor número de soldados. Abrumado, el emperador Alejo I Comneno (reinado 1081-1118) pidió ayuda a Occidente. El papa Urbano II respondió al convocar una cruzada para liberar Tierra Santa del control musulmán.

El avance del Islam

En el siglo VII, los ejércitos árabes salieron del desierto. Llevaban consigo una nueva religión, el Islam, a cuyos seguidores se los denomina musulmanes. En menos de un siglo los árabes habían conquistado un vasto imperio: desde España hasta Asia central, con una civilización más refinada que la de Europa occidental. Posteriormente, el control de gran parte del Imperio Árabe pasaría a manos de los turcos, que se habían convertido al islamismo.

El Islam —que significa "sumisión a la voluntad de Dios"— fue fundado por el profeta Mahoma (h.570-632), un comerciante de la Meca, en Arabia. A partir de una visión que tuvo en las montañas de los alrededores de su ciudad, empezó a predicar que "solo" había un Dios y que él era su mensajero. Por aquel entonces, los árabes adoraban a muchos dioses y la Meca resultaba un importante centro religioso. Sus habitantes temieron que esta nueva religión perjudicase la riqueza y el prestigio de su ciudad, se opusieron a Mahoma y en el 622 lo obligaron a marcharse, con un grupo de seguidores, a la ciudad de Medina.

El profeta utilizó esta localidad como base para atacar las caravanas de mercaderes enemigos. Tras vencer en varias batallas, en el 630 volvió triunfante a La Meca y anunció que el santuario pagano de la ciudad, la Cava, quedaba en lo sucesivo consagrado al Islam.

Mahoma era un dirigente religioso y político. Ambicionaba que todos los musulmanes llegaran a vivir en un solo estado —llamado *ummah*— gobernado por las leyes islámicas. Hizo de Medina el centro de esta comunidad. En los dos últimos años de su vida convirtió a muchas tribus árabes. Una de las razones del éxito de esta prédica fue que sus *cinco pilares* eran sencillos y fáciles de entender: saber que solo existe un Dios y que Mahoma es su profeta; rezar cinco veces al día en dirección a La Meca; dar limosna a los pobres; observar el ayuno del mes de Ramadán; y peregrinar a La Meca una vez en la vida.

El contexto social

Los problemas dinásticos iniciaron la fragmentación del Imperio Carolingio, comenzó la autonomía de los señoríos atribuyéndose derechos reales. Ante estos acontecimientos, el vulgo, la gente común del siglo XII, fue muy distinta a sus predecesores: vivía con la inseguridad proveniente de los señores locales, y el peligro originado por los señores vecinos. Así surgieron, desde fines del siglo X, nuevos sistemas de defensa inmediata: los castillos, lugares donde defenderse, tener guarniciones de guerreros y poder controlar, aun a los campesinos del entorno. En un principio se parecían a una gran casa de labranza y eran de madera, con el tiempo empezaron a ser de piedra.

Durante el siglo XII, tal vez por la ausencia de pestes, la población tuvo un crecimiento desmedido, que ayudó al afianzamiento de grandes territorios en manos de poderosos nobles. Hubo, asimismo, un crecimiento significativo del espacio agrícola.

"La artiga, la transformación del bosque en campos para el cultivo; el drenaje de las llanuras pantanosas, incluso de las marismas atlánticas; la creación de un nuevo pastoreo, que permite subir a las montañas en verano; la mejora en la cría del ganado; el aprovechamiento de la lana: la recuperación del uso del hierro, que hace posible una mejora de la calidad de los aperos, en especial del arado... Todos estos elementos representan un paso adelante en la vida económica de Occidente, que ahora vive interiormente más en paz, ya que (...) el ansia guerrera se ha desplazados hacia el exterior."[5]

5. Mestre Godes, Jesús, *Los templarios*.

Surgen nuevas aldeas que se agrupan alrededor de los caminos, de esta forma son más fáciles de defender

El feudalismo

Para evitar ser eliminados en su lucha contra los grandes señores, los reyes necesitaban atraer partidarios, que a cambio de su fidelidad recibían tierras a título de feudo. Estos bienes que la corona les entregaba, no eran concedidos a título hereditario: el vasallo disfrutaba las rentas de estos bienes mientras permaneciera fiel al soberano. El rey que concedía las tierras era el *soberano* y quien las recibía en feudo, el *vasallo*.

Un ceremonial muy solemne acompañaba tal concesión de poderes: el vasallo se arrodillaba ante el soberano, extendía las manos ante su señor y juraba, desde ese momento convertirse en *su hombre* —hombre ligio—, acompañarle a la guerra y asegurar la manutención del rey y de su séquito cada vez que cruzara sus dominios. Soberano y vasallo se debían ayuda y consejo mutuos —*consilium et auxilium*— y ambos tenían derechos y deberes respectivos. El poder radicaba en los castillos; los señores, duques, condes y barones, con sus ejércitos no solo combatían entre sí sino también contra el Rey. Recurrían a tales luchas para transformar sus tierras en patrimonio hereditario, en contradicción con el principio por el cual habían obtenido las mismas. Los vasallos podían ser seculares o eclesiásticos.

Los que detentaban un feudo llegaron a formar una casta especial, la nobleza feudal, y la sociedad basada en este sistema de concesión de tierras se llamó *feudalismo* o *régimen feudal*.[6] Fue una de las características principales de la Edad Media que se basaba en un antiguo sistema germánico de vasallaje practicado también en forma de investidura.

Este sistema trajo consigo la institución de la servidumbre. Ya en los últimos tiempos del Imperio Romano, los siervos habían

---

6. Las voces *feudal, feudalismo, feudo y feudatario* derivan todas del vocablo latino *feudum*, que proviene a su vez del antiguo germánico *faihu*, que significa ganado, pero que sirvió para designar todo género de propiedad, incluso la rústica.

sustituido, por motivos religiosos y económicos a los esclavos. En la Antigüedad los siervos eran reclutados entre los esclavos libertos, los prisioneros de guerra, incluso entre los campesinos más pobres. En la Edad Media, los campesinos pasaban frecuentemente a engrosar las filas de los súbditos, pero la razón era distinta: en aquellos tiempos en que imperaba la ley del más fuerte, Occidente se veía de continua amenazado tanto por los enemigos interiores como exteriores y el campesinado solo podía salvaguardarse de violencias poniéndose bajo la protección del señor inmediato. Así, en épocas de peligro, podía guarecer a su mujer, hijos y bienes al amparo de los castillos. En pago tenía que ceder los derechos de propiedad sobre sus bienes y entregar parte de sus cosechas para el mantenimiento de las tropas, fortificaciones y arsenal de su protector. Además, estaban exentos de impuestos a la Corona, aunque el señor tenía jurisdicción sobre ellos y podía imponerles multas y castigos corporales. Los siervos protegidos por una iglesia o una abadía se consideraban parte de la comunidad religiosa, designada entonces con el nombre del santo patrón de la iglesia o monasterio.

Los hombres, que preferían el oficio de las armas al de labriego, podían ejercitarse entre los soldados del señor. De esta forma se formó —primero en tierras galorromanas y luego en las germánicas— una pirámide social cuya cúspide era el rey y que se ensanchaba hacia la base con varias clases de vasallos y subvasallos o *valvasores*. Los vasallos nobles podían conceder tierras a otros, de quienes eran, a su vez, los soberanos. La sociedad se dividía, aparte de los sacerdotes, en una clase superior de carácter militar y en una clase inferior de campesinos, que gozaban de una libertad mediatizada. En cuanto al rey, vivía de las tierras que explotaba por su cuenta, de otras tierras de la Corona y de su patrimonio particular, rentas que apenas cubrían las necesidades de su corte. Los deberes del vasallaje eran de tres órdenes:

-De ayuda financiera al señor: el casamiento de su hija mayor, cuando el primogénito era armado caballero, para el rescate que se debía pagar cuando al señor se lo tomaba prisionero, para los gastos ocasionados en una cruzada.

-De consejo: participaban en algunas decisiones, generalmente relacionadas con problemas judiciales.
-De servicio: el servicio militar.

El sistema feudal no apareció bruscamente, transcurrieron siglos antes de introducirse en todas partes. A despecho de sus lacras, el feudalismo resultó el único régimen social capaz de garantizar, en aquellos tiempos, la paz que permitiera dar trabajo a la masa popular, aunque también escindió a la población en torno a cierto número de señoríos independientes. El deber del Estado consistía en proteger la vida y la hacienda de sus ciudadanos, pero en realidad fue ejercido por particulares.

En el siglo XIII, el poder real se convirtió en un personaje de baja estofa, mal educado pero enriquecido a la altura de los caballeros, con sus tierras o las del señor debido al endeudamiento de los nobles. Los problemas económicos fueron por el incremento de la productividad agrícola y, por lo tanto, las rentas. Pero los gastos aumentaron porque el equipo militar era más caro y el Estado era cada vez más exigente; había que mantener las apariencias, el lujo: contraer deudas resultaba una marca de la nobleza. En cambio, el advenedizo era despreciado incluso casándose con una dama, aunque ya su hijo era de sangre noble.

Los reinos se urbanizaron en este siglo, aparte del castillo, se construyeron las catedrales aunque hubiera otras parroquias y conventos. Los talleres de los artesanos tenían sus jerarquías y organización interna.

Los estudios universitarios mostraron un papel relevante en la formación de nuevas generaciones de intelectuales, a partir de 1180: Bolonia, París, Oxford, Salamanca, Vicenza, Cambridge, Padua, Tolosa, Coimbra...

Los castillos

Para ponerse a salvo en tan agitados tiempos, los señores construían fuertes castillos rodeados de gruesas murallas y flanqueados de torres. Sus ventajas para la defensa determinaban el asentamiento de estas fortalezas. Cuando un castillo no podía ser construido en la cima de un monte o sobre una abrupta pendiente, lo rodeaban de fosos llenos de agua.

Las macizas murallas, que tenían a veces un espesor de siete metros, sumían en la penumbra el interior del castillo. Para que su defensa fuera más fácil, los huecos de las ventanas eran muy pequeños y distanciados unos de otros y apenas penetraba la luz en las salas. Aun en verano hacía un frío glacial y en otoño una atmósfera pesada y agobiante.

Las habitaciones propiamente dichas estaban desprovistas de toda comodidad. Los albañales se colocaban en el centro de la construcción; con todo, no dejaban de molestar con su mal olor. El torreón —que era la torre mayor, generalmente cuadrada— servía de último refugio a los defensores. A falta de puente levadizo se situaba la puerta de entrada lo más alta posible en la muralla exterior, de modo que se necesitaba una escala muy larga para penetrar en la plaza.

Cuando el castillo era tomado por los asaltantes, quedaba casi siempre a sus moradores un recurso para salvarse. En la mayoría había subterráneos que conducían a los campos del contorno. Mediante escaleras ocultas, a veces disimuladas diestramente en las columnas, podían huir quienes conocían el secreto.

El ideal de los tiempos feudales era el guerrero que, en su fuerte castillo, velaba por la seguridad del país. Con su protección, podían los campesinos cultivar la tierra en paz y refugiarse en las fortalezas al aparecer una banda enemiga con intento de devastar los campos y robar ganado. Pero muchos castillos se transformaron en nidos de bandoleros y algunos señores consideraban el robo a mano armada y las aventuras galantes como esencial en su vida. No sentían más que desprecio por los que solo vivían para trabajar. Uno de los más celebres trovadores de la época expresaba así su inconmensurable desdén hacia los campesinos: *"El labrador es un cerdo y vive como un cerdo, por mucha riqueza que acumule. Esta riqueza solo sirve para que se le suba a la cabeza. Por eso su señor tiene el deber de tratarle con dureza y procurar vaciar sus arcas. Quien no trata con mano dura a sus campesinos, alienta su presunción. Insensato aquel que no se apodere de los bienes del campesino cuanto antes. El labriego no tiene por qué quejarse cuando su señor le hace pasar miseria o le rompe piernas y brazos*". A los ojos del orgulloso señor, sólo él o quienes eran como él o de superior categoría, merecían el calificativo de hombres.

La vida en Oriente

La mayor parte de la vida de los cruzados y de los templarios transcurrió en Oriente, por ello se hace imprescindible un conocimiento básico de la misma. La supremacía económica de los árabes se basaba en la abundancia de oro, que provenía de los países que lo atesoraban: como Irán, Mesopotamia, Siria y Egipto, o de las minas, en especial las del Cáucaso, Malabar y el Sudán. Los árabes crearon un sistema monetario basado en el *solidus* de oro o *nomisma* que perduró hasta la mitad del siglo XII. El dinar —del *denarium* romano— sucedió al nomisna, se convirtió en la moneda común del comercio internacional y su acuñación se propagó por el Este. La prosperidad comercial hizo posible el auge de muchas antiguas ciudades. Las grandes propiedades dominaban el mundo rural y aunque los elevados impuestos tuvieron como consecuencia el abandono de la tierra, la agricultura permaneció como la principal fuente de riqueza. La Iglesia y la Corona adquirieron vastos territorios y se convirtieron en los mayores terratenientes. Una rigurosa regulación imperial sobre la pureza y el suministro de los metales preciosos, al igual que sobre la organización del comercio y la actividad artesanal, caracterizaron la vida económica.

La vida intelectual revivió: se copiaron y extractaron antiguos manuscritos; se compilaron enciclopedias y obras de referencia; las Matemáticas, la Astronomía y la literatura recibieron otra vez una gran atención. El renacimiento cultural estuvo acompañado por un retorno consciente a los modelos clásicos en el arte y también en la literatura. El comercio exterior, de igual manera, se intensificó en el Mediterráneo y en el Mar Negro.

El historiador Mestre Godes afirma que "si la característica general occidental era la austeridad, lo que definía la vida oriental era el lujo".

A la vestimenta de Europa Occidental se la hacía con lana y apenas si se lavaba, mientras que en Oriente usaban bata de seda, faldas largas con bordados de hilo de oro y, a veces, con piedras preciosas.

Los castillos resultaban fortalezas incómodas, sin luz, sin mobiliario, las residencias orientales gozaban de muebles trabajados de toda clase y alfombras, había agua corriente, tenían baños. La comida, variada y refinada; la vajilla en que se comía era lujosa y se servía en finas mantelerías. Si bien en los castillos de los templarios había una ligera tendencia a la austeridad, en los castillos de los señores se vivía con más abundancia y riqueza que en los de cualquier soberano occidental.

"Otro aspecto que sorprendía era la gran tolerancia religiosa reinante, a pesar de las guerras, a pesar de la cruzada (...) Los templarios, que preparaban constantemente[7] tratos y acuerdos con los amigos musulmanes, son un claro ejemplo de este entendimiento y esta tolerancia, que existían realmente y que quizá no podían comprender los recién llegados. (...) Estos se dedicaron, impulsados por creencias preestablecidas, a estropear la delicada labor de encaje de bolillos que, entre otras, llevaban pacientemente a cabo los templarios. (...) Debemos decir también que el mayor enemigo para un buen entendimiento se hallaba en la jerarquía eclesiástica implantada en Tierra Santa, toda ella ajena al país y más pendiente de las órdenes procedentes de Roma que de la convivencia natural."

---

7. Mestre Godes, Jesús, *Los templarios.*

El contexto político y económico

Mientras Carlomagno vivió, todo el núcleo continental de Occidente formaba parte de su imperio (ver mapa). Pero en el siglo XII, la fragmentación fue total y así se obtuvo, en la península ibérica, por la parte musulmana y luego de la división de los taifas en el siglo XI, estaba el reino almorávide, que desapareció en 1142. El territorio sarraceno fue cada vez menor como consecuencia de las acciones de los reinos cristianos de la Reconquista: Aragón, Castilla y Navarra, y un nuevo aliado surgido en ese siglo, el reino de Portugal.

El territorio carolingio —al Norte, el que ahora ocupa Francia— se mostraba dividido por condados, y aún el rey de Inglaterra tenía Aquitania occidental y Normandía. Por lo tanto, el reino de Francia era minúsculo y sus vasallos poseían más poder y territorio que el rey.

El Imperio Germánico dominaba Europa Central hasta el reino de Hungría; puede afirmarse que había reconstituido la parte central, oriental y meridional del Imperio Carolingio, y además, se adueñó de toda Italia y las islas de Sicilia, Cerdeña y Córcega. A pesar de ello, el Estado Pontificio —si bien sumamente reducido— conservaba su independencia. Pero algunos enclaves germánicos, como Sajonia, Baviera y Austria, contaban con cierta independencia.

Por su parte, el reino de Inglaterra estaba consolidado. Al Este se encontraban los reinos de Hungría y Serbia y Bulgaria, independizadas del Imperio Bizantino.

Precisamente, este imperio, con sede en Constantinopla, contemplaba la mayor parte de Grecia, una porción importante de la Turquía asiática actual, aunque sus dominios orientales estaban casi todos en manos de los seléucidas y también de los lugares que ocupaban los llamados Estados Cruzados, parte de los cuales había sido conquistado al Califato, tal era el caso del reino de Jerusalén, que con posterioridad a la batalla de Hattin, en 1187, había empezado su declive.

A fines del siglo XIII, esa fragmentación cambió de manera sustancial: poco a poco la monarquía se impuso, se definieron los reinos y, lentamente, empezó a tomar forma lo que sería la Europa actual. Inglaterra se iba acercando a lo que sería Gran Bretaña cuando conquistó Gales, si bien no tuvo tanto éxito con Escocia. Eduardo I estableció el consenso con los nobles y formó el primer Parlamento.

Sin embargo, el cambio más notable tuvo lugar en Francia: de reino de los francos pasó a ser reino de Francia. Cuando desapareció la orden templaria, el territorio francés es el que hoy se conoce. Los feudos, todavía descentralizados, contaron con una dependencia del poder central muy notario y diferente de la del siglo anterior. Solo estaban fuera del poder francés: Aquitania, que dependía de Inglaterra; el Bearn, independiente y el condado de Provenza, aunque dominado por nobles franceses. Tanto Lyon y el Ródano eran de dominio germánico. Los flamencos independizarán el condado de Flandes, feudo nítidamente francés.

La península ibérica avanzó con los reinos cristianos: castellanos, aragoneses-catalanes y portugueses. Se consolidó en territorios conquistados y, a fines del siglo XIII, fueron completamente afianzados.

Los germanos del Imperio perdieron la hegemonía en Italia meridional y también en Bohemia y Polonia. La situación oriental de Occidente fue cada vez más desfavorable para el Imperio Bizantino, en la zona occidental tenía amenazadas las fronteras con la defensa otomana que en el próximo siglo lo disminuiría sensiblemente. Los estados Cruzados, luego de la caída de San Juan de Acre, en 1292, desaparecieron.

La política extendida en estos crecientes reinos era la de conseguir el asentamiento de dinastías gracias al prestigio real adquirido, ampliar el poder y los territorios. Para eso, incorporaron los señoríos limitando el poder de los nobles y anexaron nuevas tierras a sus dominios mediante los dos procedimientos clásicos: matrimonio y guerra. Lo que no dejará de traer panoramas y situaciones confusas por enfrentamientos y las cambiantes situaciones de aliado-enemigo. Tal como fue el caso de franceses e ingleses durante todo el período de las Cruzadas. Lo mismo ocurrió con las luchas por Sicilia.

A pesar de todo, el siglo XIII se caracterizó por asegurar el asentamiento de las comunidades nacionales lo suficientemente afirmadas como para arriesgarse con batallas y gastos en una conquista del mundo exterior.

Desde el punto de vista económico, en toda Europa, el incremento del comercio impulsó el crecimiento de las ciudades. Se construyeron catedrales como monumentos hacia Dios y al orgullo cívico, y nacieron las escuelas y las universidades. Pero esta progresiva importancia de los centros urbanos fue de la mano del comercio. En el siglo XII se marcaron las rutas, las ferias, donde se desarrollaban las compraventas que eran protegidas por las fraternidades, las gildas, las hansas.

A medida que los comerciantes creaban asociaciones para protegerse durante los largos viajes, el comercio fue menos peligroso. Las principales rutas comerciales de larga distancia ponían en contacto el Báltico y el Mediterráneo oriental con el centro y el norte de Europa. Mientras que en Europa occidental exportaba materias primas y bienes manufacturados: prendas de lana, arenques salados, sal, vinos, frutas y aceite. Las ciudades italianas y alemanas que cubrían estas rutas promovían y financiaban el comercio. No obstante, entre Europa y Asia resultaba escaso, porque el transporte terrestre era caro y los bienes de Europa no tenían valor suficiente para exportarlos al Este.

Si bien las actividades bancarias tuvieron un origen remoto, solo comenzaron a desarrollarse progresivamente a partir de la Edad Media, con la actividad de grupos no afectados por las prohibiciones de la Iglesia contra la usura: banqueros del norte de Italia, judíos y templarios, inventores de la contabilidad por partida doble. Las ferias medievales impulsaron, al movilizar importantes sumas de dinero, el desarrollo de la banca e introdujeron mejoras técnicas como las letras de pago. Se trató, sin embargo, de una actividad artesanal y muy limitada.[8]

Poco a poco, las ferias se transformaron en tiendas: la ciudad ya no podía esperar al mercado ocasional. "Las casas de banca, de depósitos y créditos, con pagos a plazos, la letra de cambio, todas las operaciones que requería un comercio activo, más o menos desarrolladas, están al alcance del mercader, que en muchos casos es al mismo tiempo banquero, que bien pueden ser los templarios de París o los de Londres."[9]

---

8. En los siglos XV-XVI aparecieron los primeros grandes negocios bancarios de, por ejemplo, los Fugger y los Médicis que, al tener gran capacidad de crédito —y de influencia política— podían realizar operaciones más amplias y complejas, como descuentos y trasferencias, para lo que debieron introducir nuevas técnicas: la letra de cambio.
9. Mestre Godes, Jesús, *Los templarios*.

El contexto eclesiástico

En el 313, Constantino el Grande (reinado 306-37) adoptó una actitud tolerante con los cristianos. Aunque solo había aceptado el bautismo en el lecho de muerte, a lo largo de su mandato ordenó la construcción de numerosas iglesias. El cristianismo llegó a influir en todos los aspectos de la vida romana. En el 391, el emperador Teodosio (reinado 379-95) declaró al cristianismo la religión oficial del Imperio. De esta forma, la Iglesia ocupó un lugar destacado en las instituciones de la Edad Media: fue la guía espiritual de la época.

Para poder entender el porqué del surgimiento de las órdenes religioso-militares se debe tener en cuenta la importancia de los monasterios en esa época. Eran centros dispersos de enseñanza y de cultura de la Alta Edad Media europea. En Europa occidental, la vida monástica seguía la regla de San Benito (h. 480-547), aristócrata que, tras decidirse por una vida de austeridad religiosa, fundó en Montecasino —al norte de Nápoles, Italia— un monasterio para otros monjes que compartían sus ideas.

La regla benedictina —que se convirtió en el acta de fundación del monacato latino— se cimentó en tres votos: *pobreza* —es decir, renuncia a toda propiedad personal—, *castidad* y *obediencia* absoluta al abad o a la abadesa. Tanto hombres como mujeres estaban obligados a trabajar de manera continua, ya que el santo decía: "La ociosidad es el enemigo del alma". Por lo tanto, se dividía la jornada del monje en períodos dedicados al trabajo físico, al estudio, a la oración, a la recitación de los salmos, al respeto por el silencio y a la confesión pública de los pecados. Los frailes no podían casarse ni tener ninguna propiedad. En todas partes, los benedictinos cumplían su deber "con la cruz y el arado". El trabajo no podía, sin embargo, compaginarse con un severo ascetismo; las comidas conventuales eran frugales pero suficientes. En sus reglas monásticas, Benito asignaba por meta el dominio del alma sobre el cuerpo, pero no mediante la "mortificación de la carne", sino por una moderación basada en el dominio de sí mismo. La mayoría de los monasterios disponían de escuelas donde se enseñaba a los frailes a copiar los Evangelios y otras obras. Los libros eran bellamente adornados e ilustrados y se encuadernaban con incrustaciones de oro y joyas. De esta forma se crearon valiosas bibliotecas mucho antes de la invención de la imprenta.

Los monasterios, fuente de la cultura medieval, se convirtieron en retiro de cuantos deseaban huir de la agitación mundana y buscaban la paz en aquella época de conmociones y peligros. Para muchos, los conventos eran asilos acogedores. Allí, el viajero estaba a salvo de ladrones y peligros, y muchos enfermos fueron curados con caridad, pues los religiosos eran los médicos y enfermeros de aquel tiempo.

También San Agustín (354-430) tuvo capital importancia para la Iglesia medieval: los pensamientos más profundos elaborados por el cristianismo en gran parte se deben a él, y su fervor lo proyectó entre las mayores personalidades eclesiásticas.

En el siglo X la vida de los conventos se había relajado, por ello surgieron con gran vigor nuevas órdenes monásticas que intentaron luchar contra los males que aquejaban a la Iglesia. La reforma de los conventos partió de Francia: el 11 de noviembre del año 910, el duque de Aquitania —conocido como Guillermo el Piadoso— fundó un monasterio en la localidad de Cluny y lo puso bajo la protección del Papa, sustrajo de la autoridad al obispo local y propugnó la vuelta a la observancia estricta de la regla benedictina. Se formó entonces la orden religiosa cluniacense. Más tarde, la cisterciense. Esta reforma contribuyó a que en el siglo siguiente se produjera una recuperación de las virtudes cristianas.

A pesar de su importancia, la Iglesia pudo mantenerse al margen del sistema vigente: ella también se *feudalizó*, lo que le originó diversos conflictos. Sus altas jerarquías recibían feudos de manos de los señores nobles o del emperador. Esto implicaba que debían rendir juramento de fidelidad y convertirse en vasallos de personas ajenas a la Iglesia. Era corriente entonces que los señores a cargo del poder nombraran obispos y párrocos y les otorgaran los bienes temporales. Esto originó una descentralización eclesiástica.

Por su parte, el clero se apropiaba de los vicios del sistema feudal, desconociendo las normas del papa Gregorio VII.[10] Así, el párroco vivió de su tierra y tal como el señor hace con él, explotó al feligrés. Muchos tenían esposa e hijos a quienes legaban en sucesión las iglesias. Si a esto se agrega el desarrollo de las herejías medievales, como el catarismo[11], se comprueba que gran parte del clero era inoperante y estaba más preocupada por la situación material que por el mensaje cristiano. Sin embargo y, contradictoriamente, se edificaban más iglesias que nunca: era el apogeo del gótico.

A estos problemas internos se sumaron una serie de conflictos y controversias con el alto clero de Bizancio. La Iglesia de Oriente tomó el nombre de Ortodoxa y desconoció la autoridad del Papa. Entonces se selló la ruptura, es decir, el cisma de Oriente, la separación definitiva de la Iglesia de Bizancio y la de Roma.

La Iglesia, en fin, será uno de los actores principales para comprender plenamente, la trayectoria completa de la fundación, evolución y desaparición de los Caballeros Templarios.

---

10. Fue el primer papa de la Edad Media. Tuvo una función importantísima en la propagación del cristianismo y en el poder pontificio. Estimuló la obra misionera poniendo a los monjes, en particular los benedictinos, al servicio del Pontificado y así estableció sólidas bases para el porvenir de la Iglesia de Roma.
11. Floreció principalmente en las zonas del Languedoc y Lombardía.

Las Cruzadas

Con el nuevo milenio, la Iglesia y la sociedad occidental en general vivieron una profunda transformación, reflejada en numerosos aspectos. No cabe duda de que uno de los principales impulsores del nuevo espíritu fue el monje Hildebrando —que asumió el cargo pontificio con el nombre de Gregorio VII— y mantuvo un denodado enfrentamiento con el poder temporal, encarnado en la persona del Emperador Enrique IV. Fue precisamente, el papado de Gregorio VII, un punto de partida en el desarrollo del concepto de la Guerra Santa y, por lo tanto, de la idea de Cruzada. La razón fundamental de este llamamiento fue combatir al infiel, para recuperar Tierra Santa para la cristiandad.

Las Cruzadas se prolongaron por espacio de más de tres siglos y propiciaron el establecimiento de lazos culturales y comerciales entre Oriente y Occidente.

La caballería

"¡Siempre dispuesto al combate!"[12]

Existió una estrecha relación entre el nacimiento de las Órdenes Militares y el desarrollo del movimiento cruzado. Pero a su vez, ambos tuvieron una deuda de honor con la caballería, antecedente inmediato y capital.

Como lo indica el vocablo, el caballero combatía a caballo. Para ello, debía prepararse desde su juventud y ejercitarse en el manejo

---

12. Era la divisa del caballero.

de las armas. Durante su adolescencia, servía de paje a un señor; cuando llegaba a escudero, lo acompañaba en la guerra. Luego, entre los quince y veinte años de edad, aquel que se había mostrado digno por su virtud, era armado Caballero en la ceremonia de la *toma de armas*. Esta solía efectuarse luego de una batalla victoriosa, aunque generalmente se efectuaba en un castillo o iglesia.

En la víspera del ritual por la que el joven sería investido caballero, se colocaban sobre el altar su espada y sus armas y allí permanecerían hasta la mañana siguiente. Al anochecer, se bañaba y se purificaba, en forma simbólica, de los pecados de su vida. Después, vestía una camisa blanca, calzas oscuras y manto rojo escarlata. Acompañado de servidores se dirigía a la iglesia, donde velaba toda la noche, rezando de pie o de rodillas. La misa solemne se celebraba a la aurora. De regreso, en el castillo, se le servía un gran banquete, también a sus parientes e invitados a la fiesta. Había que reparar las fatigas de la víspera y prepararse para las de la ceremonia.

Una vez reunida la multitud aparecía el iniciado vestido con traje de ceremonia. Resonaban las trompetas que no cesaban hasta que llegaba ante su padrino, que sujetaba las espuelas de oro a los pies del futuro caballero. Entonces se acercaban los parientes, con el yelmo agudo y la cota de mallas. Todo estaba dispuesto para la "ordenación". Un señor le ceñía la espada de dos filos. Por fin avanzaba el padrino o el padre y le propinaba el *espaldarazo*, un rudo golpe en la espalda que a menudo no era nada agradable. De allí, el caballero saltaba a caballo y probaba su destreza perforando un maniquí de mimbre, el *estafermo*, colocado sobre un pivote. Sin embargo, la acción más honrosa era "ganar sus espuelas" y ser armado Caballero en el campo de batalla. Debe reconocerse que pocos de estos lograron mantener enhiesto el estandarte de su ideal; no sin razón se ha dicho que la caballería fue más un ideal que una institución.

El código de la caballería no se redujo nunca a fórmulas. El historiador francés León Gautier lo sintetizó en estos diez mandamientos:

1. "Creerás en todo cuanto enseña la Santa Madre Iglesia y observarás sus mandamientos.
2. Protegerás a la Iglesia.
3. Respetarás a los débiles y serás su protector.
4. Amarás al país donde has nacido.
5. No retrocederás ante el enemigo.
6. Declararás a los infieles una guerra sin tregua y sin cuartel.
7. Cumplirás con tus deberes feudales, si no son contrarios a la ley de Dios.
8. No mentirás; cumplirás la palabra dada.
9. Serás liberal y magnánimo.
10. En todas partes, y siempre, serás el paladín de la Ley y del Bien contra la injusticia y el Mal".

La Primera Cruzada

"Dios lo quiere."

Con la conquista de los turcos seleúcidas de Siria y Palestina, especialmente de la ciudad de Jerusalén (1071), la acogida a los peregrinos a Tierra Santa había empeorado. Mientras estuvieron bajo el poder de la dinastía árabe de los fatimitas, con sede en Egipto, los Santos Lugares fueron visitados regularmente por misiones de peregrinos occidentales, que se incrementaron a partir de 1033, año del milenario de la pasión de Cristo. En Jerusalén se mantenían abiertos dos hostales de los italianos de Amalfi y los seleúcidas recibían el mismo tributo que los fatimitas de los peregrinos. El emperador de Bizancio, abrumado en su lucha contra los serbios, el mantenimiento de la frontera danubiana contra los bárbaros del norte y el poder creciente de los seleúcidas en Palestina, había pedido ayuda al Papa. Urbano II, el 27 de noviembre de 1095, último día del concilio de Clermont, en Alvernia, recordó la desgracia de los cristianos de Oriente y conjuró a los de Occidente a cesar en sus luchas fratricidas, a unirse para combatir a los paganos y a liberar a los hermanos de Oriente: "Quienes lucharon antes en guerras privadas entre fieles, que combatan ahora contra los infieles y alcancen la victoria en una guerra que ya debía haber comenzado; que quienes hasta ayer fueron bandidos se hagan soldados; que los que combatieron a sus hermanos luchen contra los bárbaros". Además, citó los versículos de la Biblia: "Comprometeos desde ahora; que los guerreros solucionen ya sus asuntos y reúnan todo lo que haga falta para hacer frente a sus gastos; cuando acabe el invierno y llegue la primavera, que se pongan en movimiento, alegremente, para tomar el camino bajo la guía del Señor"; "El que quiera venir en pos de mí, niéguese a sí mismo, tome su cruz y sígame"[13].

Se cuenta que los caballeros que oyeron la exhortación papal cortaron unos paños rojos en forma de cruz y se los colgaron en el pecho como signo de que querían participar en la expedición propuesta.

Así, el Papa promovió la formación de un ejército internacional que acudiría en ayuda de los cristianos de Oriente y rescataría los Santos Lugares del dominio musulmán. Esta fue la primera de una seria de expediciones militares cristianas contra el mundo islámico que se conocerían con el nombre de Cruzadas. La idea de socorro cristiano se había llevado a la práctica unos años antes (1064) cuando un pequeño y espontáneo grupo de expedicionarios del sur de Francia conquistó la ciudad de Barbastro (Huesca) en una campaña de ayuda a cristianos españoles. La medida para resolver el problema de la seguridad de Tierra Santa tenía un dudoso sentido cristiano. Existían motivos de otra naturaleza, como fueron los intentos de la Iglesia Occidental por controlar de alguna forma la Iglesia Oriental, o el lograr una vía que diese salida a los conflictos existentes entre los diferentes grupos de la nobleza feudal europea, buscándoles un nuevo campo de batalla. En cierta forma, con la cruzada, el papado tenía a sus órdenes la fuerza de los ejércitos al mismo tiempo que los liberaba del poder de los príncipes laicos.

El discurso de Urbano II arrastró a las masas al grito unánime de "Dios lo quiere". De esa forma, encontraron en la cruzada un modo de acceder a la salvación eterna. Para justificarla jurídica-

13. Mateo; 16,24

mente, la Iglesia estableció la teoría conocida como "privilegio de la Cruz", por la que concedía indulgencia plenaria a aquellos caballeros que tomaran parte en la empresa y les garantizaba protección para ellos, sus familias y sus bienes, mientras durara la campaña. Para la financiación de las empresas, la Iglesia estableció el pago del diezmo, es decir, de la décima parte de los beneficios o de las cosechas contenidas, con lo que las Cruzadas proporcionaron grandes ingresos.

Desde la primera, la magnífica oratoria de algunos predicadores, como Pedro el Ermitaño o San Bernardo, había conseguido movilizar a grandes masas de población que, atraídas por los privilegios que la Iglesia ofrecía a los cruzados, se lanzaban en peregrinación hacia Tierra Santa, formando ejércitos paralelos que precedían a las tropas regulares (1096) o bien lanzándose a la acción de forma independiente con resultados generalmente desastrosos, (1320)[14].

De esta forma, en 1096 partió la llamada "Cruzada popular", con dos diferentes oleadas, a la cabeza de la cual se situaron varios predicadores, como Pedro el Ermitaño. Así, una indefinida masa de personas discurrieron por Europa, llevaron a cabo actos incontrolados en ciertos lugares y provocaron gran confusión. Una vez que lograron llegar a Asia Menor fueron arrasados por los turcos en Civitot, y terminaron, de esta forma, la primera expedición desorganizada, carente de beneficios para las aspiraciones que en ese momento mantenía la gran mayoría de la cristiandad.

En 1097, una ingente milicia llamada la "Cruzada de los Caballeros" llegó a Constantinopla. Formada principalmente por francos, logró arribar a las puertas de la ciudad fundada por Constantino. Entre sus miembros más destacados figuraban: Godofredo de Bouillon, Hugo de Vermandois, Raimundo de Saint-

---

14. La más célebre de esas cruzadas populares fue, sin lugar a dudas, la llamada "Cruzada de los niños" (1212), en la que un elevado número de niños y jóvenes alemanes y franceses, imbuidos por la predicación de algunos visionarios, fueron llevados hasta Marsella y allí, embarcados hacia Oriente, donde, en su mayoría, fueron vendidos como esclavos.

Gilles, Roberto Courteheuse, Esteban de Blois y Bohemundo de Tarento. Alejo I Comneno no consideró pertinente la llegada de tan numerosa fuerza militar a sus territorios, por lo que les exigió juramento de fidelidad. Inmediatamente surgieron desacuerdos debido a esta petición, a la cual accedieron los distintos jefes cruzados, excepto Bohemundo de Tarento, que no lo haría hasta años después. Desde este momento las relaciones entre Bizancio y los cruzados no fueron excesivamente cordiales. Consiguieron tomar Jerusalén el 15 de julio de 1099 y a partir de entonces se procedió a la creación y asentamiento de pequeños reinos en la zona, conocidos en conjunto con el nombre de *Outremer*, al mando de los distintos jefes cruzados.

El que más importancia tuvo fue el reino de Jerusalén, a la cabeza del cual se situó Balduino I, hermano de Godofredo de Bouillon. El entusiasmo por la reconquista dio lugar a una improvisada cruzada popular que fue masacrada. Más salvaje resultó el exterminio de musulmanes y judíos tras la toma de Jerusalén a cargo de los cristianos: "Una vez que entraron peregrinos en la ciudad, persiguieron y degollaron a los sarracenos hasta el Templo de Salomón, donde hubo tal carnicería que los nuestros caminaban con sangre hasta las rodillas. Los cruzados corrían por toda la ciudad arrebatando oro y plata, caballos y mulas, haciendo pillaje en las casas que sobresalían por sus riquezas. Después, felices y llorando de alegría, se fueron a adorar el sepulcro de Nuestro Señor Jesucristo, considerando saldada la deuda que tenían con Él"[15]. Asimismo, el cronista árabe Ibn al-Athir relató: "...los francos degollaron a más de setenta mil (?) personas, entre las que había una gran cantidad de imanes y de doctores musulmanes, de devotos y de ascetas, que habían salido de su país para venir a vivir, en piadoso retiro, a los lugares santos". Por su parte, Guillermo de Tiro, contó: "Se ordenó sacar fuera de la ciudad todos los cuerpos de los sarracenos muertos, a causa del hedor extremo, ya que toda la ciudad estaba llena de sus cadáveres... hicieron pilas tan altas como casas: nadie había visto una carnicería semejante de gente pagana. Las hogueras estaban dispuestas como mojones y nadie, excepto Dios, sabía su cantidad".

De esta triste forma, la primera Cruzada comenzó matando en masa a todos los judíos del valle del Rhin, robando a los campesinos húngaros, saqueando los campos bizantinos, degollando sarracenos al entrar en Jerusalén, apoderándose de cuanto encontraran y quemando vivos a los judíos reunidos. Según Runcinan: "La matanza de Jerusalén causó una gran impresión en todo el mundo. Nadie puede decir cuántas víctimas hubo, pero la ciudad quedó vacía de musulmanes y judíos. Incluso, muchos de los cristianos quedaron horrorizados... Esta demostración de sed de sangre del fanatismo cristiano dio origen al renacimiento del fanatismo del Islam".

---

15. Raimundo de Aguilers, cronista presencial.

Las órdenes religioso-militares

En el Medioevo, la *Ordo* —Orden— significaba mucho más que una organización o un organismo corporativo, porque incluía la idea de una función social y pública. Los hombres que la seguían no alcanzaban el destino personal sino que ocupaban un lugar en el sistema eclesiástico. El caballero iba a la guerra con la misión de triunfar sobre el infiel. Si perdía la vida en ello, ganaba el cielo. Este concepto transformó en épicas las campañas militares de las órdenes de caballería más conocidas. Sin embargo, la mayor parte de ellas nacieron con fines caritativos: protección de los caminos, de la morada y del cuidado de peregrinos, etc. Desde la vestimenta, las órdenes se diferenciaron por el color de su túnica y el de la cruz. Por ejemplo, los templarios y los teutones llevaban manto blanco, pero los primeros usaban la cruz de color roja y los segundos, negra. Los hospitalarios, en cambio, vestían de color negro pero la cruz era blanca. La Orden de San Lázaro —que fue un desprendimiento de estos— usaba una cruz verde, se dedicaba al cuidado de los leprosos y no hacían voto de castidad.

Las órdenes religioso-militares —especialmente los templarios— son consecuencia directa de la Cruzada impulsada por Urbano II en el Concilio de Clermont-Ferrand en noviembre de 1095 y su repercusión ahondó mucho más en el tiempo que los propios reinos cruzados.

Veinte años más tarde de la liberación de Jerusalén, algunos caballeros franceses se dirigieron al patriarca de la ciudad para hacer votos de pobreza, castidad y obediencia. A estos añadían el de defender Tierra Santa con las armas y proteger a los peregrinos que allí se dirigieran. Este fue el origen de una orden sagrada de caballería, una asociación de guerreros que llevaría el nombre de Orden de los Templarios. Una de sus divisas fue: "No a nosotros, señor, no a nosotros, sino a vuestro Nombre sea concedida la gloria".

Otra Orden de monjes caballeros, también rica y poderosa, fue la de los Caballeros del Hospital o Juanistas, también llamada Orden de los Hospitalarios de San Juan de Jerusalén. Al principio, fundaron en esta ciudad un establecimiento consagrado a San Juan Bautista, a la vez albergue y hospital. Los Caballeros de San Juan erigieron muchos castillos para proteger a los cristianos de Siria. La mayoría de los países de Europa tenían una delegación o casa de las órdenes citadas. La tarea de estos monjes caballeros constituía, como dice San Bernardo de Claraval, en "mantener una doble lucha contra la carne y la sangre y contra el espíritu del pecado y del mal".

A mediados del siglo XII, en Jerusalén, había un hospital para socorrer a los peregrinos alemanes. Con la conquista de Saladino en 1187, se da por desaparecido. Sin embargo, tres años después, comerciantes de Brema y Lübeck fundaron un nuevo hospital en Acre, al que los príncipes alemanes transformaron en una orden monástico-militar: la de los Hermanos de la casa del Hospital de los Alemanes de la Virgen de Jerusalén. Para diferenciarlos de las otras órdenes, la gente los llamó, simplemente *Teutonici*, o sea, Teutónicos. El papa Inocencio III confirmó la orden en 1199 y se construyeron castillos y establecimientos de diversa magnitud, entre los que destacaron Montfort y Torun. Su acción se desarrolló mayormente en Europa oriental, durante los años 1210-1230 dedicándose a la conquista y la cristianización de las tribus establecidas más allá del Vístula.

Su primer Gran Maestre fue Enrique Waldptts, de Vassenheim y sus estatutos particulares muy semejantes a los de los templarios al igual que los grados interiores. Dependían en Prusia de un Maestre provincial o preceptor, subordinado al Gran Maestre y al Capítulo General de la Orden. Su hábito estaba compuesto por una capa blanca, en cuyo lado izquierdo debajo del hombro y a la altura del corazón portaba una cruz negra con adornos de plata.

Para ingresar en la Orden era necesario haber cumplido como mínimo quince años y un cuerpo robusto para soportar mejor las fatigas de las guerras. Tenían prohibido el trato con las mujeres, no poseían ningún bien y las puertas de sus celdas debían estar abiertas para que todo el mundo viera lo que hacían. Sus armas no podían ser ni doradas ni plateadas y, al igual que los templarios, vivieron durante largo tiempo con humildad y pobreza.

Estos caballeros conquistaron Prusia, Livonia y Curlandia, y desde principios del año 1284 fueron dueños y señores de todo el país, comprendido entre el Vistula y el Niemen. En el año 399 abandonaron la ciudad de Venecia, residencia del Gran Maestre desde hacia ya veinte años y escogieron la ciudad de Marienburg. La Orden continuó existiendo en el sur de Alemania hasta que fue disuelta por Napoleón en 1809. En el año 1834 resurgió en Austria y mantuvo su identidad a lo largo de todo el siglo XIX pero su actividad estuvo restringida a obras de caridad.[16]

Desde el 1309 la Orden de los Caballeros de Rodas tuvo su sede central en la isla homónima, donde formaba un estado territorial; su marina mantenía libre de musulmanes el este del mar Mediterráneo. En el 1312 recibió las propiedades de los templarios y con la ascensión al trono de Suleimán I, sultán de los turcos otomanos, en 1522, fueron forzados a abandonar su isla, tras lo que no tuvieron un lugar fijo hasta 1530, año en el que les fue cedida parte de la isla de Malta.

Por su parte, en la península ibérica, la primera Orden Militar que se conoció fue la de la Encina. Se instituyó en Navarra donde el rey García Jiménez pidió y obtuvo permiso del Papa Gregorio II (año 722) para fundarla. Su emblema era una cruz griega de color rojo sobre una encina, y se llevaba inscrita en una túnica larga hasta las rodillas. La existencia de la orden fue breve pues tenía analogía con la de los Caballeros Constantinianos y, al restablecerse esta, la de la Encina quedó abolida para siempre. Con condiciones y reglas bastante similares a las del Temple o de San Juan nacieron las órdenes de Calatrava (1147), Alcántara (1177) y Santiago de la Espada (1161) —dedicadas a la defensa de los peregrinos en los caminos a Compostela— y Nuestra Señora de la Merced (1218), llamados

---

16. Se restauró por completo su disciplina religiosa, desde 1929 se mantiene como una institución asistencial y caritativa. Su cuartel general está en Viena, aunque posee casas en diversas zonas de Austria, Italia y Alemania.

Mercedarios y consagrados al rescate de cautivos. Finalmente, la Orden de Montesa fue fundada en el antiguo Reino de Valencia tras la desintegración del Temple en 1312. No solo recibió los bienes templarios de Valencia y de otras partes del Reino de Aragón, sino que se formó por antiguos caballeros templarios, aunque sus primeros integrantes fueron voluntarios de la Orden de Calatrava.

Según Carl Grimberg[17], para los cristianos de Tierra Santa, tales enérgicas medidas de seguridad llegaban muy oportunas, pues había surgido un enemigo peligroso en la secta de los *asesinos*, fundada por un jefe musulmán. La misión de estos era desembarazarse de los enemigos de su fe con atentados individuales. Uno de los jefes más temibles —cabecilla de los famosos sacerdotes del Islam, llamados *Haxixis*— conocido con el nombre de "Viejo de la Montaña", residía en una cueva rocosa casi inaccesible,º cerca de Antioquia. Se cuenta que drogaba a sus fieles, que se creían transportados a una especie de edén delicioso, donde podían entregarse a todos los placeres sensuales; después, se les drogaba de nuevo y volvían a la vida normal. Entonces se les afianzaba la convicción de que habían estado en el paraíso y estaban dispuestos a todo con la esperanza de poder gustar otra vez, y para siempre, de los goces del Paraíso de Alá. El estupefaciente era un cáñamo indio, el haxix o hachís, al que la secta debía su nombre: el vocablo árabe *haxixin* significa "comedor de haxix". Además, ellos mismos lo consumían para darse coraje en sus arriesgados lances.

---

17. En "La edad Media".

Segunda parte:

Los Templarios

El origen

Luego de la Primera Cruzada y la exitosa toma de Jerusalén, en los territorios recuperados se crearon cuatro estados distintos, conocidos en Europa Occidental con el nombre de *Outremer*[18]: en el Norte, el principado de Antioquía, al mando de Bohemundo de Taranto; al Este, el condado de Edesa, gobernado por Balduino de Boulogne; al sur, el condado de Trípoli —reclamado por el conde de Toulouse Raymond de Saint-Gilles— y más al sur todavía el reino de Jerusalén. A su cargo estaba Godofredo de Bouillon, que adoptó el título de "defensor del Santo Sepulcro" porque afirmó "no iba a ceñir corona de oro donde Cristo llevó corona de espinas".

En Roma, sin conocer el éxito de la Primera Cruzada, falleció el papa Urbano II pero antes había nombrado al sucesor del legado papal de la cruzada, el Arzobispo Daimberto, que se convirtió en patriarca de Jerusalén. Al morir Godofredo (1100), pretendió su lugar, pero los francos no lo aceptaron y pusieron en el trono a Balduino de Boulogne, hermano de Godofredo, que sí reconoció el título de rey de Jerusalén.

El sistema feudal de Europa occidental era el orden social prevaleciente en esas zonas conquistadas. Las reglas de vasallaje fueron desconocidas para Occidente: la lealtad de príncipes, condes y duques resultaba sumamente débil y solo acataban

---

18. Su significado es "ultramar".

la autoridad cuando sentían su propia seguridad en peligro por alguna invasión musulmana. Además, los recursos humanos en los territorios reconquistados fueron paupérrimos desde el inicio: luego de derrotar al ejército egipcio enviado para ayudar a Jerusalén, la casi totalidad de los cruzados que quedaban con vida regresó a sus hogares. De esta manera, Godofredo de Bouillon solo quedó con cientos de caballeros y apenas mil soldados infantes. Esta débil posición del reino de Jerusalén nada más podía resguardarse con una expansión mayor y tratando de conquistar los puertos mediterráneos. Con este objetivo en la mente nuevos grupos provenientes de Europa partieron hacia los Santos Lugares pero fueron atacados y derrotados al pasar por Anatolia. Muy pocos regresaron a Constantinopla. A cambio de privilegios comerciales, ofrecieron su apoyo a las escuadras navales de Pisa, Venecia y Génova, y así, se controló la frontera costera de Outremer.

Pero lo más problemático fue llevar la paz al interior de los territorios. Ante las prósperas noticias de reconquista de los puertos a manos de las naves italianas, nuevos y crecientes viajeros quisieron reanudar los peregrinajes a Tierra Santa. Aunque algunos iban armados, la mayoría solo portaba el cayado y la bolsa típicos de los peregrinos. "Estos no solo rezaban en la iglesia del Santo Sepulcro para cumplir sus votos, sino que visitaban los numerosos santuarios de Judea y Samaria a los que una familiaridad con las Escrituras y la indiferencia hacia la historicidad erigieron en parque temático de la religión cristiana. En Jerusalén se hallaba la Cúpula de La Roca —convertida ahora en iglesia— que santificaba el sitio donde Jesús había reprobado a los prestamistas, lugar conocido por los cruzados como el Templo del Señor; al sudeste del Monte del Templo se hallaba la casa de San Simeón, con el lecho de la Virgen y la cuna del niño Jesús; al norte de la Puerta de Josafat, una iglesia construida en el solar de la casa de Ana y Joaquín, los padres de la Virgen, en las cercanías de la Ciudad Santa, la casa de Zacarías, donde había nacido Juan el Bautista; el aljibe al que María y José volvieron para encontrar a Jesús en Jerusalén; el sitio en el que cortaron el árbol para hacer la cruz y el lugar donde Jesús enseñó el Padrenuestro a sus discípulos"[19].

El camino tenía más recorridos históricos hasta Jericó y el río Jordán, pero por la naturaleza del lugar y la poca simpatía de los habitantes musulmanes resultaban muy peligrosos. Apenas poseían la posibilidad aquellos viajeros que iban armados. Las fuerzas "militares" de los reyes de las zonas estaban preservando baluartes y puertos del Mediterráneo.

Alrededor de 1104 llegó a Tierra Santa un grupo de caballeros que acompañaba al conde Hugo de Champagne[20]; entre ellos, Hugo de Payns[21], pariente del mismo y a quien servía como oficial. Tiempo después, el conde volvió a Jerusalén en otro peregrinaje, nuevamente acompañado por Hugo de Payns, que se quedó en Tierra Santa cuando su señor regresó a Europa.

Políticamente, mientras tanto, al rey Balduino I le sucedió su primo Balduino de Le Bourg y al patriarca Daimberto, Warmund de Pecquigny. A ellos, los caballeros Hugo de Payns y Godofredo de Saint-Omer[22] les propusieron la formación de una orden de caballeros que fuera al mismo tiempo religiosa y militar; esa doble función era la más práctica para mantener el paso franco y la protección de los peregrinos a Tierra Santa. Así, en una fecha en la que los historiadores no se ponen de acuerdo pero que aproximadamente sitúan en los años 1118, 1119 ó 1120, fundaron los *Pauperi Equites Christi* —Pobres Caballeros de Cristo— o la *Militia Christi*, con el deseo de asegurar el peregrinaje a todos los que visitaran Tierra Santa. Una de las principales obras dedicadas al Temple, dentro del ámbito hispánico, es la Rodríguez Campomanes —publicada en el año 1747— y en ella refiere: "...Comenzó la Orden Militar de los Templarios en Jerusalén cerca del año de

---

19. Read, Piers Paul; *Los templarios. Monjes y guerreros*.
20. Gobernaba un extenso y rico principado que había formado parte del reino franco occidental, de Carlos el Calvo, en la parte superior del Sena.
21. También aparece, según los historiadores y las traducciones, como Hugues de Payns o Hugues de Payen. Oriundo, precisamente, de Payns, en la Champaña francesa.
22. O Saint-Homer.

1118, a devoción de Hugo de Paganis, Godofre de Sant-Omer, y otros siete compañeros, cuyos nombres se ignoran, los que se consagraron al servicio de Dios en forma de Canonigos Reglares, e hicieron los Votos de Religión en manos del Patriarca de Jerusalén: Balduino Segundo, considerando el zelo de estos nueve compañeros, les dio una Casa cerca del Templo de Salomón, de donde ellos tomaron el nombre de Templarios o Caballeros de la Milicia del Temple..."[23]. En años anteriores se habían establecido los precedentes de las Órdenes del Hospital y el Santo Sepulcro (ver "El contexto eclesiástico"), aunque en un principio desarrollaban exclusivamente labores de carácter asistencial y caritativo. Igualmente, las órdenes militares peninsulares no surgieron hasta mediados el siglo XII.

Los nacientes templarios hicieron los votos tradicionales de castidad, pobreza y obediencia pero añadieron un cuarto: el de defender los Santos Lugares y ayudar a los peregrinos con las armas. Por primera vez aparecía la idea totalizadora del monje militar. La iniciativa recibió el apoyo de todos las jerarquías involucradas: el patriarca de Jerusalén, en nombre de la Iglesia, aprobó canónicamente la nueva orden y el rey de Jerusalén recibió de buen agrado la propuesta porque, de esta manera, tenía una fuerza militar al servicio de la seguridad no solo de los peregrinos sino del propio reino. Por ese motivo les concedió derechos y privilegios: les dio alojamiento en su palacio —la mezquita de Al-Aksa— que estaba en el perímetro en donde, muchos siglos atrás, se asentaba el templo de Salomón. Este fue el motivo por el que se los llamó "Los Caballeros del Temple", "Los pobres soldados de Cristo y el Templo de Salomón", "Los caballeros del Templo" y, comúnmente, "los Templarios" o "El Temple"[24]. Cuando se mudó Balduino a la torre de David, todo el espacio fue ocupado por la nueva orden, que consideró ese *Templum Salomonis* como su casa fundacional y así figuró en su sello.

23. "Disertaciones Históricas del Orden y Caballería de los Templarios o Resumen historial de sus principios, fundacion, instituto, progresos y extinción en el Concilio de Vienne". Madrid, 1747. Ed. Facsímil París-Valencia, 1993.
24. Los templarios también fueron llamados: soldados de Cristo, milicia de Salomón, y hermanos del templo.

Además de los caballeros antes mencionados, en el grupo institucional figuraron otros siete nombres que los historiadores no terminan de establecer. Entre los probables figuraban: Andrés de Montbard —tío del abad Bernardo de Claraval—, Archambaud de Saint-Aignan, Payen de Montdidier, Geoffrey Bissot, alguien denominado Rossal o Roland. En un principio mantuvieron la vestimenta de su profesión secular, no tuvieron ningún hábito distintivo (ver "Vestimenta"). La Orden fue modelo de pobreza y humildad y vivía de las limosnas: tanto es así que dos caballeros, denominados "La Díada", tenían que montar en un solo caballo al acompañar a los peregrinos a Jerusalén, por eso el blasón de la Orden, muestra a dos templarios sobre un corcel[25].

En enero de 1120, una asamblea de dirigentes laicos y religiosos reunidos en Nablus aceptó el proyecto tanto por su potencial espiritual como por su carácter práctico: una empírica fusión de habilidades militares con vocación religiosa. El rey se erigió en su protector, y los prelados y los grandes de aquella corte les concedieron beneficios, rentas y donativos. Poco a poco, empezaron a inscribirse en la Orden poderosos nobles y potentados que dotaron a la orden de ingresos regulares, donaciones y cesiones de riquezas y tierras. Tal fue el caso del conde Hugo de la Champagne —señor del fundador del Temple—, que en 1125 renunció a sus bienes terrenales e hizo votos de pobreza, castidad y obediencia como pobre soldado de Cristo, al igual que Foulques de Angers.

25. La interpretación habitual dice que representa la pobreza de la orden en sus inicios, si bien diversos autores señalan que podría ser la representación de San Juan y San Pedro, cuyas doctrinas habrían sido abrazadas por la Orden, es decir, la doble cruz, latina y griega, que superpuestas dan la de Lorena o patriarcal, usada por el Temple.

El reconocimiento oficial

Los primeros templarios determinaron servir a Dios y defender la cruz con oraciones en su monasterio y con la espada en el campo de batalla. En los comienzos protegían a los peregrinos de los ataques, emboscadas, robos y asesinatos de los sarracenos que devastaban los caminos a Tierra Santa. En poco tiempo comprendieron que les hacía falta un apoyo más importante: el del Occidente cristiano, con sus autoridades eclesiásticas y reales.

Con esa intención, en el año 1127 —tal vez 1128—, Hugo de Payns y otros caballeros visitaron en Roma al papa Honorio II para solicitar su reconocimiento oficial. Además, pidieron el apoyo de Bernardo de Claraval[26]. Al ser este era sobrino de Andrés de Montbard, uno de los nueve fundadores, se convirtió en el primer valedor de la Orden del Temple, y, así, consiguió que Honorio II convocara el Concilio regional de Troyes, que inició sus sesiones el 13 de enero de 1929, y aprobó la Orden.

Desde un año antes, Hugo de Payns y otros cuatro cofundadores permanecieron en Italia, Francia e Inglaterra promocionando su institución, y enviaron a Raimundo Bernard para que la divulgara en España. Fue tal su éxito, que regresaron en 1929 a Jerusalén cargados de oro y plata, y acompañados de muchos caballeros, entre ellos Fulco V de Anjou, que llegó como prometido de la princesa Melisenda, con la que se casó en diciembre.

La nueva institución pronto tuvo adeptos en Occidente, y el mismo Bernardo de Claraval redactó el elogio de la nueva milicia templaria con los primeros estatutos de la Orden, a instancias de su fundador, tras la celebración del Concilio de Troyes. En un primer momento, por el carácter religioso de la orden pensaron en las reglas monásticas de Agustín de Hipona. Poco después, el Patriarca de Jerusalén, Esteban de Chartres —a cuya autoridad estaban sometidos en un principio— ultimaría la redacción de la denominada *Regla Latina*.

---

26. Se cuenta que sucedió unido por un parentesco con Hugo de Payns.

Algunos años después se produjo la ratificación definitiva de la institución templaria, a través de dos bulas, concedida la primera de ellas por el papa Inocencio II y conocida con el nombre de *Datum Optimun*. Otorgada en 1139, sustraía al Temple de la autoridad episcopal, colocándole de forma inmediata con la protección directa de la Santa Sede. La segunda bula era concedida en 1145 con la denominación de "*Militia Dei*", y le permitió poseer sus propias iglesias, oratorios y cementerios. Además, el sucesor de Hugo de Payns, al frente de la orden fue Roberto de Croan, que consiguió del Papa, que reinaba en 1139, una bula que concedía a los templarios una autonomía casi absoluta, por la que podían nombrar sus propios capellanes, fundar capillas y cementerios, estar muy favorablemente tratados fiscalmente y ser considerados exentos de casi todo tipo de tributo, tanto civil como eclesiástico. Su independencia de las sedes episcopales que gobernaban los territorios en que se asentaban sus encomiendas fue total.

De esta forma, la formación de los estatutos de los templarios se encomendó a San Bernardo, que pronunció un discurso, "*Liber ad Milites Templi. De Laude Novae Militiae*", en el que afirmaba que se trataba de una alianza admirable la unión de las dos profesiones de guerrero y monje. Allí ofrecía esta semblanza del caballero templario: "Para cada uno de ellos la disciplina es una devoción y la obediencia una forma de respetar a sus superiores: se marcha o se regresa a la ubicación de quien supone la autoridad... Todos llevan el vestido que se les ha proporcionado: hábito y capa blancos para los caballeros y negro para los mandos inferiores y los escuderos y no se les ocurriría buscar fuera comida o ropajes... Los caballeros mantienen fielmente una existencia compartida, sencilla y alegre sin esposa ni hijos... Nunca manifiestan ser superiores a los demás... Todos muestran más respeto al valiente que al noble... No participarán en cacerías, se raparán el cabello al ras, en ningún momento se peinarán, en escasas ocasiones se lavan, su barba siempre aparece hirsuta y sin arreglar... Van sucios de polvo y su piel aparece curtida por el calor y la cota de malla... Un Caballero de Cristo es un cruzado en todo al hallarse entregado a una doble pelea: frente a las tentaciones de la carne y la sangre, a la vez frente a las fuerzas espirituales del cielo".

El histórico lema de los templarios —*Non nobis, Domine, non nobis... sed Nomini tuo da gloriam*— impuesto a la Orden por su primer padre espiritual, el ya mencionado San Bernardo de Claraval, sintetiza en unas pocas palabras el ideal y el propósito de su existencia. Al entrar, los monjes eran advertidos de la dureza de la vida que voluntariamente aceptaban. Un documento de la época da clara idea de ello: "Raramente haréis lo que deseéis: si queréis estar en la tierra de allende los mares se os enviará a la de aquende; o, si queréis estar en Acre se os mandará a la tierra de Trípoli o de Antioquía o de Armenia, o se os enviará a Pouille o a Sicilia o a Lombardía, o a Francia, o a Borgoña o a Inglaterra o a muchas tierras donde tenemos casas o posesiones. Y si queréis dormir se os hará velar, y si alguna vez deseáis velar, se os mandará a reposar a vuestro lecho...".

Votos de castidad, bendición de armas y promesas de descanso eterno —en caso de que muriesen en batalla— era algunas de las indulgencias concedidas a los caballeros de Cristo. En ellas estaba incluida la idea de que matar en nombre de Dios estaba justificado, y morir por Él, era santificado. Se afirma que el Papa, para poder apoyar estas ideas más fácilmente, usó la misma filosofía islámica del Jihad o guerra santa, obviamente con una ideología cristiana. Precisamente, el abad de Claraval, apoyado por su Santidad en aquel discurso enfervorizado a favor de los caballeros, les dio autoridad para matar y morir en nombre de Dios: "Si son felices los que mueren *en* el Señor, ¿no lo serán mucho más los que mueren *por* el Señor?... En verdad, los caballeros de Cristo batallaban para su señor con seguridad, sin temor de tener pecado al matar al enemigo, ni temiendo el peligro de la propia muerte, porque causando la muerte o muriendo en nombre de Cristo, no cometen un acto criminal, por el contrario, antes son merecedores de gloriosa recompensa... aquel que en verdad provoca libremente la muerte de su enemigo como un acto de venganza encuentra consuelo en su condición de soldado de Cristo: que mata con seguridad y muere con más seguridad aún. ¡No sin razón empuña la espada! Es un instrumento de Dios para el castigo de los infieles... En verdad, cuando mata a un infiel, eso no es homicidio... es considerado un instrumento legal de Cristo... no implica sentido criminal alguno y en cambio reporta una gran gloria. Además, consiguen dos fines: si mueren, sirven a Cristo, y si matan, el propio Cristo se les entrega como premio".

La ceremonia de admisión

La ceremonia o el rito por el que el caballero era admitido en la orden nunca podrá ser develado en su totalidad, porque no han quedado documentos o testimonios que lo acrediten. De lo que sí existen datos fidedignos es que Hugo de Payns reclutó en Europa algo más de trescientos aspirantes a templarios, además de muchísimos cruzados que, al fin de la Primera Cruzada, decidieron no volver a sus hogares sino consagrar su vida a las armas y a Dios. También hubo otros que se unieron a la orden, aprovechando que se habían quedado a vivir en Tierra Santa. Todos ellos con gran y larga experiencia en el uso y manejo de las armas. Pero lo verdaderamente difícil fue hacerles aceptar que al ingresar en la Orden tenían que realizar un juramento en el que renunciaban a su vida laica, para convertirse en monjes-caballeros.

De las distintas versiones que la historia ofrece respecto de la iniciación, se acepta que se procedía a la lectura de la Regla y a un posterior examen completo de los recién llegados ante el Tribunal de los doce hermanos mayores. El escenario donde habitualmente se desarrollaba era la Iglesia de la Orden. El candidato —vestía una túnica blanca, su cabello siempre estaba al descubierto, aunque llevaba una especie de semivelo del mismo color, y aparecía completamente desarmado— aguardaba en una sala contigua y, en determinado momento, iban a buscarlo los dos caballeros de más edad para formularle dos preguntas: "¿Cómo os llamáis?, ¿qué intenciones os han traído hasta nosotros cuando sabéis que vais a someteros en esta milicia a duros trabajos, a combates que pueden arrebataros la vida y, a la vez, os veréis obligados a mantener una existencia en la que no podréis gozar de ninguno de los placeres del mundo exterior?".

Si el novicio contestaba de manera convincente, la pareja de examinadores, volvía con los otros caballeros que completaban el Capítulo donde relataban lo sucedido y después se lo hacía entrar. Debía presentarse de la forma más humilde, y acto seguido se continuaba de este modo: "Hermano, nunca has de ingresar en la Orden con el deseo de conseguir riquezas ni honores, tampoco porque creáis que vais a situaros en un plano más alto o podréis encontraros rodeado de comodidades. Tened en cuenta de que se os exigirán tres cosas: la primera es que dejéis atrás los pecados del mundo, la segunda que os pongáis al servicio de Nuestro Señor y la tercera que seáis el más pobre de los mortales, y siempre estaréis sometido a penitencia por la salvación de vuestra alma. ¿Estáis dispuesto durante todos los días de vuestra vida, desde hoy en adelante, a convertiros en servidor y esclavo de la Orden? ¿Os halláis dispuesto a renunciar a vuestra voluntad para siempre, obedeciendo todo lo que vuestro comandante disponga?". El iniciado debía responder: "Sí, Señor, si Dios me lo permite".

En ese momento, nuevamente era llevado fuera del recinto principal, entonces, el Maestre se adelantaba, ponía las manos sobre los Evangelios y con voz firme dirigía al Capítulo estas palabras: "En el caso que alguno de vosotros conociera una o varias causas por las que este hombre no mereciera ser un hermano nuestro que lo declare ahora mismo, porque será mejor escucharlo ahora que no cuando el aspirante vuelva a encontrarse ante nuestra presencia... ¿Deseáis que le hagamos regresar en el nombre de Dios?". Normalmente, respondían: "Que regrese en el nombre de Dios". Ante ellos, el novicio hacía pública renuncia a su vida anterior y aceptaba convertirse en un miembro de la Orden, luego de aceptar los siguientes votos formulados por el Maestre: "Hermano, oíd con atención lo que vamos a deciros: ¿Prometéis a Dios y a Nuestra Señora que desde hoy mismo hasta el final de vuestros días cumpliréis las órdenes del Maestre del Temple y de los Comandantes que sean vuestros superiores? ¿Prometéis a Dios y a la Señora Santa María que siempre de una forma absoluta y sin ninguna concesión, mantendréis permanentemente vuestra castidad? ¿Que viviréis sin que nada os pertenezca? ¿Que os encontraréis en condiciones de seguir y respetar las buenas maneras y costumbres de nuestra casa? ¿Que estáis dispuesto a ayudar a la conquista de acuerdo con la fuerza y el poder que Dios os haya dado, de la Tierra Santa de Jerusalén? ¿Que nunca abandonareis nuestra Orden ni por una causa fuerte o débil, ni por un motivo peor o mejor?".

Otra versión similar, afirma que, según el capítulo 58 de los Estatutos, el novicio debía renunciar al mundo para ingresar en la Orden. Una vez admitido, terminadas las pruebas, tenía lugar la recepción, que revestía gran solemnidad, reuniéndose en pleno el Capítulo en la Iglesia de la Orden, quienes preguntaban al postulante su nombre y los propósitos que le animaban y si era cierto que pretendía ingresar en la milicia. El prior le decía: "Caballero, vais a contraer grandes obligaciones; tendréis que sufrir muchos y dilatados trabajos y habréis de exponeros a peligros enormes. Será preciso velar cuando quisierais dormir; soportar la fatiga cuando ansiaríais descansar; sufrir la sed y el hambre en ocasiones que ansiaríais beber y comer; pasar a un país cuando os placiera quedar en otro, prometiendo, además, consagrar su esfuerzo a defender la Tierra Santa". Así, el candidato ya era admitido en la Orden del Temple. Se le recordaba que solo tendría derecho a pan y agua, a un pobre ropaje, a una cama muy sencilla, a vivir casi en la miseria y a realizar unos duros trabajos. Por último se le entregaba el manto de los templarios, una cruz y una espada. Una vez que los había recogido, el Maestre y el Capellán le daban el beso de la Fraternidad y se rezaba en conjunto.

Desde aquel instante era considerado como caballero templario con todos los derechos y obligaciones que los demás. Debía atenerse a un corto período de aprendizaje y de adaptación a su nueva vida, por eso nunca se lo dejaba solo, sino con un camarada competente como guía.

El cuerpo de monjes caballeros fue lo que constituyó el núcleo de la Orden. Todos ellos habían pasado por un ritual iniciático y un noviciado explícitamente impuesto por la regla y de una duración variable, según el criterio de los maestres y de la época. A los Caballeros del Temple destinados a la milicia se les exigía que fueran nobles y no bastardos, es decir, gentilhombres. Estos servían a la Orden del Temple como hermanos legos, sea por un tiempo determinado o de por vida. No pronunciaban los votos, sino que guardaban promesas y juramentos de obediencia, de no poseer propiedades, de respetar los buenos usos y costumbres de la casa, guardar la Tierra Santa y, "no estar jamás en un lugar en el que un cristiano se viera oprimido por sinrazón o desatino, por su fuerza ni por su voluntad".

Las reglas y los estatutos

La vida de los templarios se regía por una regla muy detallada y estricta, que aunque considerada secreta, ha llegado a la actualidad gracias a diversos documentos que la describen. La regla latina estaba compuesta de setenta y dos artículos y dividida en dos partes. La primera, el prólogo, y la segunda, la formada por los artículos, con el epígrafe: "Aquí empieza la Regla de los pobres soldados de la Santa Trinidad". La segunda parte, la regla propiamente dicha, constaba de 72 artículos.

Podemos encontrar dos versiones de la Regla Primitiva de los templarios: una escrita en castellano antiguo, la otra es una traducción del inglés. Si bien no son iguales, en esencia dicen lo mismo. La primera, recogida por Pedro Rodríguez Campomanes en "Disertaciones históricas de la Orden y Caballería de los Templarios"[27], incluye un prólogo y alcanza hasta la regla 72 y la segunda está basada en la edición de 1886 de Henri de Curzon, "La Régle du Temple como Manual Militar, o Cómo Desempeñar un Cargo Caballeresco". Representa la regla dada a los recién originados Caballeros del Temple por el Concilio de Troyes, 1129, aunque: "no debe olvidarse que la Orden había existido durante varios años y desarrollado sus propias tradiciones y costumbres antes del Concilio de Troyes. Por lo tanto, hasta cierto punto, la Regla Primitiva está basada en prácticas ya existentes". A partir

27. Reedición de la original de 1747 por Librerías París-Valencia, 1998.

de esta, aproximadamente en 1165 fueron añadidos los Estatutos Jerárquicos —llamados *Retrais*—, tal vez escritos en los años precedentes a la batalla de Hattin en 1187, que constituyen un reglamento de funcionamiento interno. Contenían más de seiscientas cláusulas; algunas de las que eran ampliaciones de las de la regla primitiva, otras se habían redactado para cubrir cuestiones surgidas a partir del Concilio de Troyes.

Los principios básicos de la regla eran cuatro: obedecer, ser casto, mantenerse pobre y consagrarse en cuerpo y alma a la conquista de Tierra Santa, su salvaguardia y su defensa. Todo ello implicaba sacrificio y heroísmo. Para subrayar su espíritu religioso, los primeros artículos estaban destinados a fijar las obligaciones espirituales de los caballeros. De esta manera, según Mestre Godes, se empezó con la obligación de la asistencia a maitines y al oficio divino: "Saciados y fortificados por el cuerpo de Cristo, nadie debe temer ir a la batalla, aunque debe estar preparado para la corona del sacrificio". Si, por cualquier motivo, no podía asistir a misa, se debía rezar de viva voz trece padrenuestros por maitines, y para los otras horas día, siete oraciones y nueve más para las vísperas.

Se dictaminaba claramente el oficio que debía hacerse por los hermanos difuntos: "Los hermanos pasarán toda la noche en oración... y dirán cien oraciones durante los siete días siguientes a la defunción". La ofrenda que se esperaba del caballero era la de sí mismo "Cristo sacrificó su vida por mi salvación, yo debo estar dispuesto a dar la vida por mis hermanos". No era necesario oír toda la misa de pie.

En cuanto a la obediencia, la regla establecía que los caballeros debían observarla sin fisuras hacia su Maestre. En este sentido no podían ir a Jerusalén sin su permiso, salvo que lo hicieran para orar al Santo Sepulcro. No podían desplazarse solos por los caminos y, en campaña, "ningún caballero, escudero o sargento puede ir al campamento de otro caballero para verlo o hablar con él". Tampoco un hermano del Temple compraba caballo alguno, arnés o armas. Si las necesitaba debía ver al Maestre y exponerle su caso. Se prohibía que llevasen oro o plata en los arneses de sus caballos, ni tampoco tener protectores para el escudo y la lanza. Sin la autorización del Maestre, no podían recibir cartas de nadie, y si fueran autorizadas debían ser leídas en su presencia. No tenía que existir el hábito de las conversaciones mundanas. No podían tenerse propiedades de ningún tipo. No se permitía la caza con halcón si bien se recomendaba, en general, no cazar, salvo leones, "que son los enemigos de la Virgen María".

Se dejaba en claro que los Caballeros del Temple que "mezclan la vida religiosa y la vida militar, pueden matar a los enemigos de Cristo sin culpabilidad". Si los hermanos casados pedían entrar en la cofradía "permitamos su recibimiento si, a su muerte, nos conceden una parte de sus bienes y la totalidad de lo que hayan adquirido entre tanto, pero nunca podrán vestir la capa blanca (ver "La vestimenta") ni cohabitar en la misma casa que los hermanos que han hecho voto de castidad". Tampoco se podían admitir a las hermanas "ya que es un gran peligro, el diablo toma la apariencia de mujer". Los hermanos "huirán como la peste, de la rivalidad, la envidia, los celos, la calumnia, las murmuraciones y la maledicencia". En el artículo 72 se advierte contra una "cosa peligrosa para una comunidad religiosa: el encanto de las mujeres. No se puede abrazar a mujer alguna, ni viuda, ni virgen, ni madre, ni hermana o amiga. Que la caballería de Cristo rehuya el besar a las mujeres, por quienes a menudo los hombres están en peligro".

Los hermanos que debían ir a las diversas provincias tenían que esforzarse en mantener la regla, sobre todo en lo que respecta al "consumo de vino y carne, y para causar buena impresión a los extraños". Si un monje cometía una falta leve, la exponía ante el Maestre quien le indicaba cómo hacérsela expirar. Si, en cambio, la falta era grave, debía retirarse del resto de los hermanos, comer solo y era sometido al juicio y la misericordia de su superior.

Según el historiador Read[28], la regla reflejaba algunos de los prejuicios de la época; por ejemplo, pese al compromiso

---

28. Piers Paul Read, *Los templarios. Monjes y guerreros.* Vergara.

de humildad, a mitad del siglo XII era indispensable que el templario fuera "hijo de un caballero o descendiente del hijo de un caballero (artículo 337)". No se hacía distinción entre transgresiones militares y religiosas. De las nueve "cosas por las cuales un hermano de la Casa del Temple puede ser expulsado", cuatro eran pecados que, como tales, no tenían nada que ver con la vida en armas: simonía, asesinato, robo y herejía. La revelación de arbitrios del cabildo templario, la conspiración entre dos o más hermanos, o salir de la casa templaria por otras puertas que las prescritas eran contravenciones que se habrían aplicado a cualquier institución monástica. Solo los castigos a la cobardía y a la deserción ante el enemigo se relacionan específicamente con la condiciones de guerra.

La estructura interna

Ningún monarca, señor ni autoridad religiosa tenía jurisdicción sobre la Orden que dependía del mismo Papa. En sus orígenes, por una razón política y geográfica, la Orden se hallaba dividida en dos partes distintas y dependientes: Oriente y Occidente. En la primera, el Temple era un ejército en campaña y en la segunda, constituía un factor de civilización y pacificación.

La organización de los templarios estaba formada por los caballeros, los capellanes, los sargentos, los escuderos y los criados artesanos. Todos se hallaban bajo las órdenes del Maestre[29] del Temple de Jerusalén, que siempre debía residir allí, y su condición de autoridad quedaba reflejada en el siguiente artículo de la regla: "Siempre será portador del bastón y el látigo: el primero le servirá para fortalecer las debilidades, mientras que el segundo lo utilizará para castigar las muestras de debilidad y las equivocaciones de los hermanos". Cuando la Orden debió abandonar Tierra Santa, por las conquistas musulmanas, la sede se estableció en San Juan de Acre y en el año 1291, cuando se perdió la totalidad de los Estados Cruzados, se estableció en Chipre (lo más cerca posible de los Santos Lugares).

---

29. Muchas veces denominado Gran Maestre, tal vez para distinguirlo de los maestres provinciales.

Del Maestre dependían todas las encomiendas de Oriente y Occidente. Era un caballero de la Orden elegido por sus pares, a quienes representaba pero no estaba autorizado a tomar decisiones importantes sin el acuerdo del Consejo. Era un criterio copiado de la orden cisterciense y del espíritu feudal del vasallaje. Estaba secundado por grandes oficiales; el *senescal*, que era su lugarteniente, que lo sustituía en sus ausencias y se ocupaba de la organización interna de la orden y su aprovisionamiento y el *mariscal*, el jefe militar y encargado de la disciplina interna. Luego estaba el cargo de *submariscal* ocupado por un sargento, el de *turcoplier*[30], que dirigía una especie de caballería ligera al estilo turco, armada con arco, y el *gonfaloniero*, que se ocupaba de los escuderos. Dentro de la organización interior, estaba el *pañero*, que se encargaba de las prendas de los hermanos y estaba a las órdenes directas del comendador.

A la misma altura que mariscales y senescales estaban los comendadores, que asumen las funciones de tesoreros de la orden. Por él pasaba todo lo recaudado, incluso el botín general —salvo animales y armas, que dependían del mariscal— y resultaba el contacto con las otras casas de occidente y quien ayudaba a distribuir a los templarios en ellas.

El Temple se dividía en dos clases:

Clase I	Clase II
Capellanes	
Caballeros monjes	
Caballeros seculares	Sargentos de servicio doméstico
	Siervos de explotación de las Tierras
Sargentos de armas	
Hermanos de oficio	

Es preciso distinguir entre los templarios ligados por los votos monásticos, y los caballeros y sargentos que se integraban en la Orden para servir solo por un tiempo determinado y vivían bajo una regla monacal o, por lo menos, militar.

30. También llamados *turcopoles*, la caballería ligera siria nativa.

Únicamente los primeros tenían derecho a lucir el hábito y el manto blancos; los segundos lo llevaban de color oscuro, negro o gris parduzco (ver "La vestimenta"). Sin embargo, no se excluía que un sargento pudiera llegar a novicio y después a caballero monje. Estos combatían a caballo al igual que los caballeros y la mayor parte de los administradores de la orden eran sargentos con el título de comendador. Se desplazaban, al igual que los militares, de una encomienda a otra según las necesidades del servicio. También, como ellos, podían ser enviados a Tierra Santa y obedecían una disciplina general.

Desde el punto de vista militar, al frente estaba el Maestre que —pese a estar dotado de poder absoluto— debía consultar al Capítulo antes de tomar decisiones trascendentales. Contaba como asistencia con un Estado Mayor integrado por su lugarteniente o senescal, un jefe militar o mariscal y varios comendadores adscritos a los términos de Jerusalén, Trípoli y Antioquía. El primero, el ministro de finanzas y tesorero. Otros cargos eran el jefe de intendencia o pañero, un jefe de tropas auxiliares conocido como el *turcoplier*, un submariscal y un alférez, todos ellos con derecho —según el escalafón—, a un determinado número de caballerías y séquito de escuderos y criados. Así, el séquito del Maestre se componía de un clérigo, un sargento, un escudero y un escriba, que utilizaban para su servicio hasta cuatro caballos. Solo cuando entraba en batalla tenía derecho a la protección de diez combatientes de élite. La tropa también tenía su jerarquía: caballeros, sargentos y escuderos. Los sacerdotes eran un grupo aparte pero hacían la misma vida que los caballeros. Los más bajos escalones estaban constituidos por los hermanos de oficios, los artesanos y los criados, contratados libremente. Los siervos, trabajadores, capataces y las explotaciones de cada territorio constituían la *mesnía* con una organización variable según las regiones y sus costumbres.

Muchos de los cargos antes mencionados integraban parte del Capítulo. Si bien no se sabe con exactitud cómo estaba formado, parece ser que los altos dignatarios y algunos capellanes se reunían semanalmente en las encomiendas locales o anualmente en las provinciales, mientras que había Capítulo General cada cinco años en Tierra Santa, no solo con los caballeros que allí residían sino con los que estaban de paso. La reunión de un Capítulo General era complicada y únicamente se hacía para tomar una decisión tan importante como la elección de un nuevo Maestre. Para ello, el mariscal llamaba a todos los dignatarios presentes en Tierra Santa y se nombraba un gran comendador que disponía la reunión del Capítulo. Este, a su vez, nombraba al comendador de su elección, que elegía a otro hermano que sería su compañero. Ellos seleccionaban a dos más, y así hasta reunir doce, en honor a los apóstoles, a los que se sumaba un hermano sacerdote que ocupaba el lugar de Jesucristo. Entre esos trece elegidos debía haber ocho hermanos caballeros, cuatro sargentos y el sacerdote. En lo posible, serían de distintas casas y países, "para mantener la paz de la Casa". Así, procuraban elegir a una persona con larga experiencia en la orden.

La célula básica de toda la organización templaria fue la encomienda, administrada por un comendador. En cada provincia había un *comendador general*, que según la importancia, solía recibir el nombre de Maestre. Además, durante su mandato, existían los *castellanos*, que cuidaban los castillos de la orden y los administradores de los dominios rurales, tarea desempeñada por los sargentos. En cuanto a su estructura, las encomiendas fueron granjas con cierto aire militar y el tipo de construcción propia del Temple y, con frecuencia, fuera de los muros había un hospital y una leprosería. En Occidente, existieron nueve provincias —tres simples[31] y seis dobles—: Portugal, Aragón, Mallorca y Castilla-León; Francia y Aubernia; Inglaterra e Irlanda; Alemania y Hungría; ambas Italias, alta y baja; Pouille y Sicilia.

La reunión de diversas encomiendas formaba una *bailía* que se articulaba con la dirección de las casas provinciales. En ella era donde se juntaban los capítulos regionales y se recibía a los nuevos miembros.

La justicia de la Casa

Los templarios denominaban *justicia de la Casa* a todos los problemas o asuntos relativos a la justicia y la disciplina interna

---

31. Las provincias simples se encontraban en contacto con los musulmanes.

de la Orden tratados exclusivamente en estricto secreto en los capítulos.

Cada encomienda se reunía todos los domingos después de misa para el Capítulo semanal que tenía las funciones de un consejo para tratar las cuestiones corrientes y de Consejo de Disciplina para sancionar las faltas de los hermanos y las desviaciones a las reglas. Los casos graves se remitían a las instancias superiores o a Tierra Santa donde tenían asiento las instancias supremas de la Orden.

El procedimiento consistía en que cada templario confesaba sus faltas y se retiraba. Entonces el Capítulo deliberaba y emitía su sentencia. Si un hermano no confesaba su falta o su culpa podía ser acusado por otro, con permiso del Comendador. Previamente, aquel que supiera que otro había cometido una falta debía esforzarse en corregirle o invitarle a confesarlo en el capítulo siguiente (arts. 390-391 de la Regla). En la compilación de los esgaras realizada por los Hospitalarios a fines del siglo XII, la regla presentaba casos concretos, aunque en forma anónima y general.

El Capítulo pronunciaba las sanciones: las faltas más graves se castigaban con el abandono de la casa, es decir, la expulsión de la Orden con pérdida del hábito. Esta expulsión era temporal y duraba un año y un día.[32] O con la pérdida del hábito "salvo Dios", lo que significaba la misma sanción anterior pero la condena en suspenso. Nueve faltas graves se las sancionaba con la expulsión de la Orden. Pero el hermano expulsado no por ello quedaba libre, sino que se le enviaba a una Orden más rigurosa, donde tenía que pasar el resto de su vida. En los casos menos graves, las penas podían tener alcance limitado: el culpable era obligado a compartir el trabajo con los esclavos o domésticos, debía comer en el suelo, ayunar tres, dos o un día por semana durante un período determinado. La sanción más benigna consistía en poner a pan y agua al culpable durante una jornada. Al igual que los castigos impuestos en las escuelas públicas del pasado, las penalidades aplicadas a los templarios resultaban salvajes: azotes, grilletes, obligación de

---

32. La pérdida del hábito se castigaba degradando al templario al rango de sirviente.

comer del suelo como los perros.[33] Los Maestres y preceptores tenían la facultad de "suavizar" el castigo. Por ejemplo, los dignatarios de la Orden podían pedir más comida a fin de dársela a un hermano privado de carne. Cuando la sanción aplicada según la regla parecía muy injusta o excesiva no se presentaba al Capítulo sino al Papa, para su posterior resolución.

Después de la sanción venía el perdón, pero esa indulgencia no tenía nada que ver con la absolución de los pecados que daba el sacerdote. Esto produjo muchas confusiones en los acusadores de los templarios que tomaron el uno por la otra.

Las relaciones entre la Justicia de la Casa y las jurisdicciones eclesiásticas y laicas resultaron delicadas y ambiguas. Así, se suscitaban interpretaciones distintas según los ámbitos de competencia. Por ejemplo, durante el proceso de los templarios (1309-1310), se interrogó al hermano capellán Gualterio Le Bachelier, Maestre del Temple en Irlanda desde 1295 hasta 1300, que estaba acusado de dilapidar los bienes de la Orden. El Capítulo lo castigó y condenó a la pérdida de la Casa. Pero, al caer bajo la jurisdicción eclesiástica ordinaria fue excomulgado y encarcelado. Moribundo, en la celda penitencial de la Iglesia del Temple de Londres, un sacerdote lo confesaba. Cuando fallecía se lo enterraba, no en el cementerio del Temple, sino en la plaza delante de la encomienda en Londres.

Los mismos problemas se plateaban con la justicia laica, como lo demostró el caso del templario asesino de los emisarios del Viejo de la Montaña. Pese a haber sido castigado por el Capítulo de la Orden, la justicia real lo raptaba y lo encarcelaba. Tanto en uno como en otro caso estaba en juego la autonomía como los privilegios del Temple, lo que sería totalmente pasado por alto cuando llegara el proceso que se instituyó a toda la Orden, durante el reinado del francés Felipe IV el Hermoso.

---

33. Esas penalidades eran similares a las impuestas a los monjes y se las consideraban normales para la época.

La vida cotidiana

Las costumbres

La vida cotidiana de los templarios estaba repartida entre las ocupaciones diarias propias de una orden monacal y de la caballería. Tenían que levantarse temprano para asistir a los maitines y, durante el día, al toque de campana, acudir a la iglesia para el rezo de las horas canónicas y oír la Santa Misa. Posterior a los maitines y las completas iban a los establos donde atendían el cuidado de su caballo y de su armadura y daban órdenes a los escuderos, solo entonces podía volver a acostarse hasta las siguientes campanadas.

Después del rezo de la sexta se ocupaban de trabajos de su profesión. En general, la vida cotidiana de un templario era muy similar a la de un monje cisterciense. La regla se encargó de dejar bien en claro todas las actividades de los soldados de Cristo: se les prohibía la conversación frívola y las risas; dormían de tres a cuatro horas sin despojarse de camisa, calzones, calzas y cinturón; se despertaban en maitines —a las cuatro de la madrugada en invierno y a las dos en verano—; iban a la capilla calzados y abrigados por su manto y allí rezaban trece Padrenuestros. A primera hora se levantaban y nuevamente en la capilla oían misa, recitaban treinta Padrenuestros por los vivos y otros tantos por los muertos y comenzaban su jornada de trabajo. A cada hora detenían su quehacer y rezaban continuas oraciones. Las comidas se realizaban en comunidad, en silencio y servidas en escudillas, los alimentos eran buenos y variados. Comían carne tres veces por semana, excepto los enfermos que, menos los viernes, lo hacían a diario. Un hermano, entretanto, leía en voz alta las Sagradas Escrituras.

En el refectorio, el capellán bendecía la misa y dirigía el rezo. Acabada la comida, retornaban a la capilla de dos en dos para dar gracias. Al caer la noche, rezaban las vísperas y se acostaban. La regla de la Orden debía respetarse y cada uno estaba bajo la vigilancia constante de los demás hermanos. Los templarios estaban obligados a comulgar y dar limosna tres veces por semana, a la vez que respetaban escrupulosamente tres cuaresmas anuales. En combate tenían prohibido rechazar la lucha aun en situaciones numéricamente desfavorables. Si caían prisioneros no tenían derecho a rescate.

Habitaban en encomiendas que solían constar de capilla, sala capitular, alojamientos generalmente similares a cuarteles con bodegas, sótanos, caballerizas y almacenes, además de otras dependencias de diverso tipo en función de la actividad que explotara la encomienda particularmente. Al frente de ellos se encontraba un comendador que asignaba los cargos y oficios necesarios. Cuando morían se les sepultaba sin ataúd en fosas anónimas en el cementerio que el Temple tenía en cada una de sus Casas situado en terrenos de la capilla. El cuerpo del monje se ponía sobre una especie de tabla con los hábitos clavados en ella y era colocado boca abajo. Excavaciones relativamente actuales en cementerios templarios revelan el hallazgo de cuerpos enterrados directamente en la tierra y en esa postura. Se trata de un ritual de enterramiento de los monjes cistercienses, incluso practicado en nuestros días, que dejaba en claro su identidad histórica. Lo que aquellas excavaciones descubrían eran los restos de los verdaderos templarios: los monjes.

La imagen templaria alcanzó un hondo aprecio en toda la cristiandad. El modesto pero valiente aspecto que les prestaba su indumentaria guerrera se unía a su austeridad de vida, siempre ejemplar, rodeada de buenas obras y una continua. Como decía la regla: "Todo hermano debe esforzarse en vivir honestamente y en dar buen ejemplo a los seglares y a otros conventos, en todas las cosas, de tal forma que quienes lo vean no puedan observar nada malo en su comportamiento, ni en su forma de cabalgar, caminar, beber, comer o mirar, ni en cualquiera de sus actos o en ninguna de sus obras".

La vestimenta y las armas

Los testimonios que establecen que el aspecto de los templarios era impecable tanto en la paz como en la guerra son numerosos y coincidentes. No se toleraba en absoluto que llevasen vestidos con remiendos o polvorientos, a pesar de su desdén por las cosas mundanas. En esta perspectiva de rigor, correspondía al hermano pañero evitar que los envidiosos y los maledicentes pudieran censurar algo a las ropas del convento. Por ello, vigilaba de manera escrupulosa las medidas de la ropa que llevaran los caballeros y que la misma no fuera demasiado larga ni corta, demasiado apretada ni ancha, ya que la Regla Templaria así lo recordaba. El caballero recibía dos equipos completos, uno para la paz y otro para la guerra. La dote generalmente se componía de dos camisas, dos pares de calzas de burel, dos bragas o calzones, un sayón, una pelliza, una capa, dos mantos (uno de ellos de invierno, forrado de oveja o de carnero) y otro de verano, una túnica y un ancho cinturón de cuero y un par de zapatos. También un bonete de algodón y otro de fieltro. Tenía dos paños: una servilleta para la mesa y otro en forma de toalla para su aseo personal. Completaban su equipo dos copas, una cuchara, un cuchillo de mesa, una navaja, un caldero, un cuenco para cebada, tres pares de alforjas. Para la cama se le proporcionaba un jergón, dos sábanas, una manta ligera o estameña y una manta gruesa. Todas llevaban unas rayas blancas y negras, que eran los colores del Temple, además de la cruz roja, que se cosía o se pintaba en el lugar más visible.

El ajuar militar consistía en una loriga o cota de malla, un par de calzas de hierro que se prolongaban en las perneras de hierro, un casco y un yelmo de hierro con visor rectangular estrecho —ambos del mismo material anterior—, una espada de doble filo con punta redondeada y bien afilada, una lanza de madera de fresno de hasta 4 metros con punta de hierro cónica bien afilada, un escudo de forma elíptica con punta triangular que se construía con planchas de madera recubiertas de hierro y se acoplaba al brazo izquierdo; gualdrapa para el caballo, una cota de malla en forma de caperuza que se fabricaba sobre cuero, donde se insertaban anillas o placas metálicas. Se recubría el cuello, los hombros, el torso y la espalda con faldeta para proteger los muslos, la espaldera que hacía las funciones de coraza posterior. Finalmente, llevaba una maza turca de plomo y bronce con aristas cortantes y un machete ancho de un solo filo.

Asimismo, el templario recibía tres cuchillos: uno de armas o puñal, un cuchillo para cortar el pan y la carne y una navaja de hoja recta. Cuando se encontraban en campaña se añadían a este equipo algunos aditamentos: un caldero, un hacha para cortar leña, un rallador y un juego de escudillas y frascos. Todo esto no pasaba a formar parte de la propiedad personal del caballero, se le prestaba, y él era responsable del equipo ante la casa por lo cual tenía que velar continuamente por su perfecta conservación. El conjunto superaba ampliamente los 40 kilos y requería un vigor extraordinario para soportarlo y manejarlo con soltura. El caballo también iba acorazado y protegido.

El caballero no podía modificar en nada el conjunto dado y debía ser muy escrupuloso con el material: "Si algún hermano quisiere o ya por mérito o por soberbia el mejor vestido, sin duda merecerá el peor".

Así, la regla establecía que "todos llevan el vestido que se les ha proporcionado y a nadie se le ocurriría buscar fuera comida o ropajes. Se rapan el pelo al ras, en ningún momento se peinan, en escasas ocasiones se lavan, su barba siempre aparecía hirsuta y sin arreglar, iban sucios de polvo y su piel aparecía curtida por el calor y la cota de malla", y que "el procurador de los paños o vestimentas, reparta igualmente las viejas entre los armeros y sirvientes y a veces entre los pobres con fidelidad".

La regla del Temple ordenaba dos tipos de hábito según la categoría: capa blanca para los caballeros y capa parda para los sargentos.

La indumentaria representativa de la orden comenzó a gestarse con la adopción de la Regla del Císter por los templarios, por la que tomaron el manto blanco característico de dicha orden religiosa. Posteriormente, en 1146, el Papa Eugenio III les concedió a los templarios su hábito definitivo, ordenándoles portar, a la altura del corazón, una cruz de paño rojo con forma de cruz griega —con los cuatro brazos iguales—, pero más ancha en los extremos que en el centro de cada brazo, también denominada *octogonal o Patée*. Asimismo la portaban sobre su capa, en el hombro derecho; más tarde se les autorizó a usarla en el resto de la vestimenta. Esta cruz roja fue la imagen más respetada de su época y es, hasta hoy, el más típico y conocido emblema de los Caballeros del Temple, repetido hasta la saciedad en las imágenes referentes a las Cruzadas.[34]

Un templario no era poseedor de nada. Todo adorno o instrumento innecesario resultaba estrictamente prohibido y el espíritu austero del Cister estaba presente en todo momento.

Las insignias templarias

Parecía que no existía una sola cruz templaria, sino diversas cruces. Al principio, en 1118, los caballeros de la Orden no usaron cruz y parece que la primera que ostentaron fue una Patriarcal de color grana, o sea, con dos travesaños cosida en el manto. El autor anónimo del "Resumen Histórico de la Fundación del Temple" dice: "Los Caballeros del Temple tenían por divisa una Cruz roxa con dos traviesas, como la de Caravaca y manto blanco"[35]. Además, Campomanes afirmó: "Les dio el Patriarca Esteban de mandato del Papa Honorio II, hábitos blancos fin Cruz hasta que posteriormente, en tiempo del Papa Eugenio III, pusieron cruces roxas en sus Mantos y estandartes... Pero

---

34. Incluso fue incorporado por Cristóbal Colón a las velas de sus naves durante el descubrimiento de América.
35. Imprenta Fuentenebro, Madrid, Pág. 21.

diciendo Vitriaco que era fencilla Ancorada". Vitriaco, en apariencia, no era otro que Jacques de Vitry, Obispo de Acre en 1214 y luego Patriarca de Jerusalén en el año 1239 quien en su "Historia Orientalis" dijo: "El cual Templo tiene buenos caballeros, que traen capas blancas, con una Cruz rosa sencilla, una Vandera o Eftandarte de dos colores, que llaman Baucant, va delante de ellos en las batallas". Otros cronistas contemporáneos como G. de Tiro (1130-1193) lo contradijeron, por lo que se deduce que primero llevaron la patriarcal por deferencia al patriarca de Jerusalén y al Santo Sepulcro y que luego el Papa Eugenio III les asignó una cruz sencilla ancorada similar a la Patée.

La que se encuentra en los escudos de armas de los grandes maestres y en los sellos era un signo derivado de la cruz celta geométricamente compuesta por líneas curvas aunque a veces trazada con ángulos vivos. Originalmente, la cruz se llevaba en el hombro derecho; en los últimos tiempos de la Orden, y según los reglamentos de la época, los caballeros, los sargentos y los capellanes la llevaban en su pecho y en su espalda. No implicaba que no se la llevase en el hombro derecho de la capa.

Los cinco modelos básicos de las Cruces Templarias eran: la Griega, la Patée, la Tau, la de las ocho Beatitudes y la Patriarcal. Las demás cruces serían más o menos circunstanciales. De estas cinco, las dos más usuales son la Griega y la Patée, pues figuran en muchos sellos de la Orden, así como en tumbas de caballeros y pinturas de iglesias. Las otras tres tenían un uso más restringido, se podían ver solamente en algunas iglesias, casas, castillos, documentos y tumbas de caballeros muy particulares.

Los templarios otorgaban especial importancia a la "cruz de las ocho beatitudes" cuyas ocho puntas formaban un octágono, que habría servido como símbolo base para el trazado de sus capillas. A imagen y semejanza de la Cúpula de la Roca del Templo de Salomón, representaba la unión del Cielo con la Tierra, en el punto donde los hombres encontraban el estado de espiritualidad. El *Templum Domini* era considerado el centro del mundo, como el Templo del Grial. La densidad y distribución de los santuarios octogonales no surgía como resultado de un capricho: las formas respondían a un ritual preciso, hoy desaparecido.[36] Era una cruz que, por su aspecto geométrico, servía para la meditación y era clave para la construcción y desciframiento del alfabeto secreto de los templarios. Las ocho beatitudes significaban: poseer el contento espiritual, vivir sin malicia, llorar los pecados, humillarse al ser ultrajados, amar la justicia, ser misericordiosos, ser sinceros y limpios de corazón y sufrir con paciencia las persecuciones.

La cruz Patriarcal o de doble tramo era una Cruz con cuatro brazos e insignia distintiva del Gran Maestre y altos dignatarios de la orden, que marcaba también determinados edificios del Temple con un valor misterioso-iniciático. Sin olvidar que dicha forma se adoptó para los relicarios de los *Lignum Crucis* —el madero sagrado—, los Monjes guerreros solían utilizarlas en las ceremonias y rituales de admisión de nuevos miembros en la Hermandad o protocolos propios de la Caballería en los que el aspirante a Caballero del Temple debía jurar por su vida fidelidad a la Orden y a todas sus reglas. Presidía también otros actos templarios como la Festividad de la Candelaria, que obligatoriamente debía celebrarse en sus encomiendas, según el artículo 75 de la regla primitiva.

Muchos estudiosos han cuestionado la existencia de las cruces de cuatro brazos y las veían como la unión de dos cruces sobrepuestas: si se realizaba la partición de la Cruz Patriarcal a la altura de los brazos mayores se obtenían dos nuevas cruces y era una de ellas, la Cruz Tau y otra una cruz griega. Ambas eran simbólicas de la Orden del Temple, por lo tanto su unión proporcionaba un símbolo del sincretismo religioso, filosófico y político, propio del pensamiento dualista de la Orden del Temple. La cruz Tau —también llamada *commissa, patibulata* o de San Francisco de Asís— en forma de "T" era la cruz de los elegidos del Señor en el Día del Juicio según el Apocalipsis bíblico y también la cruz utilizada por los templarios como un símbolo representativo para

---

36. De estructura octogonal encontramos los templetes de carácter astronómico y estelar.

señalar determinados enclaves o posesiones de especial valor.[37] Según Moraitis[38], durante la Edad Media, las comunidades religiosas de San Antonio el Ermitaño cuidaban a los leprosos y estos devotos usaban la cruz con la forma de la Tau como amuleto en resguardo de la plaga y de otras enfermedades de la piel. No había duda de que San Francisco de Asís adaptó dicho símbolo como su propia firma y hasta sus hábitos religiosos tenían la misma forma. También significaba el principio femenino, ligado a las Diosas Madres, por eso había que recordar la manifiesta relación entre los templarios y sus numerosas iglesias dedicadas al culto mariano.

El significado simbólico de la cruz tenía correspondencia con el número 9 y la letra "Teth" hebrea, tal vez haciendo alusión a la fundación de la Orden ya que precisamente fueron esa cantidad los caballeros originales o simplemente por la letra que los identifica, la T mayúscula. Aparte de ello, era un símbolo de resistencia y de protección que solía encontrarse en los sepulcros de los mártires. La cruz griega[39] —tenía los cuatro brazos con la misma longitud— frecuentemente solía estar relacionada con símbolos de viejos cultos ígneos, como el creciente lunar, estrellas y soles.

La cruz Patée, con un predominio más universal, se encontraba en numerosísimos emblemas templarios. Con sus cuatro brazos iguales evocaba a los cuatro evangelistas, las cuatro estaciones, los cuatro elementos —aire, tierra, fuego y agua— y los cuatro puntos cardinales. Tenía la característica de que sus extremos se ensanchaban un poco. Derivaba directamente de la cruz celta que representaba los tres mundos: Abred, Gwenwed y Keugan. Se creía que esta fue la primera cruz que recibieron los templarios el 24 de abril del año 1147 de manos del Papa Eugenio III.

37. Más tarde se afirmó que tenían carácter mágico o esotérico.
38. Moraitis, Cayetano. *El poder mágico de los amuletos*, de esta misma editorial.
39. El equilibrio de sus travesaños horizontal y vertical representa una la unión natural entre lo masculino y lo femenino y se considera símbolo de paz. Esta significación motivó que, milenios más tarde, la pacífica cruz griega fuera adoptada por la bandera de Suiza y como emblema absoluto de la Cruz Roja Internacional.

La cruz de las Ocho Beatitudes, variante de la cruz Patée, conocida también como cruz de Malta por el uso que continuaron haciendo de ella los Caballeros de Malta tras la desaparición del Temple —tenía en su centro otra pequeña cruz Patée con tres brazos rojos y el cuarto dorado—. Fue utilizada por los caballeros templarios como clave criptográfica para descifrar el alfabeto secreto de la Orden, usado para cifrar cartas, letras de cambio y todo tipo de documentos, mediante los signos geométricos contenidos en la cruz.

Por su parte, se conocen varias representaciones del estandarte de la Orden del Temple o *Bausante*, también denominado *balza, baucan, beuceant*. La más conocida era una especie de pendón cuadrilongo con dos franjas horizontales: la inferior, blanca —símbolo el primero de la caridad y la ternura con que habían de tratar a los cristianos— y la inferior, más estrecha, negra —indicaba la bravura con que habrían de combatir a los infieles y enemigos del crucificado. *Beaussant* significaba "la bella enseña". En el campamento, el pabellón se desplegaba sobre la tienda del Maestre. Era posible que el campo partido del estandarte, en blanco y negro tuviera una significación esotérica. Ante todo se trataba de una bandera de combate que ubicaba al capitán. Otras versiones lo representaban como el tablero de ajedrez de sesenta y cuatro casillas que simboliza el carácter cósmico del mundo. Además, este juego estaba elaborado sobre el número ocho —que guíaba al espíritu hacia el encuentro con Dios— y el número nueve que es la armonía, el equilibrio entre el blanco y el negro. Una tercera forma de presentarlo consistía en una figura de ochenta y una casillas. Era el punto de referencia del caballero templario —como para los hospitalarios era el Oriflama— durante los combates. Tenían que proteger la bandera y mantenerla por encima de la contienda, a modo de protección, que es el papel que desempeñan todos los estandartes.

El Bausante no podía usarse jamás como defensa ante un ataque enemigo. Por eso, el caballero porta-estandarte que lo llevaba en combate tenía una gran responsabilidad, era protegido por seis y diez caballeros que debían rodearle continuamente. Al bajarlo, incluso para servirse del asta como una lanza durante la carga, se castigaba con los hierros y sobre todo con la pérdida del hábito, una de las sanciones más graves en todas las Órdenes Militares.[40]

El escritor e investigador Alain Demurger afirmaba que el pendón de los templarios recibía el nombre de *baussant o bauceant*, lo que significa semipartido. Por ejemplo, en francés se llamaba así a un caballo cuando tenía dos colores. Dado que se trataba de un adjetivo, esta palabra nunca se empleaba sola. El Pendón del Temple era *baussant* porque se mostraba blanco y negro, lo mismo que los mantos de los templarios, también blancos o negros, según la clase de los hermanos. En cambio, en la versión de Jacobo de Vitry, el blanco significaba que eran francos y acogedores para sus amigos, y negros y terribles para sus enemigos".

Con referencia a los colores característicos, el blanco simbolizaba la Luna y lo femenino. Por eso era signo de pureza, castidad, virginidad. Además, el color del individuo que cambiaba de condición, que evolucionaba tras su iniciación, por eso se empleaba en los ritos y podía leerse en los Evangelios: "Jesús lleva consigo a Pedro, Santiago y Juan, y los conduce solos, apartados a una alta montaña. Se transfigura ante ellos y sus ropas se vuelven de un blanco resplandeciente"[41]. El artículo 17 de la regla dice: "Aquellos que hayan abandonado la vida tenebrosa reconozcan mediante el hábito blanco que se han reconciliado con su creador: significa blancura y santidad de su cuerpo (...) es castidad, sin la cual no se puede ver a Dios". Representaba, además, el eje Este/Oeste: la salida y la puesta del Sol. También era el color de la muerte: si los vivos llevaban luto negro en señal de duelo, al muerto se lo vestía con un sudario blanco como preparación para su llegada al otro mundo. Por su parte, el negro estaba relacionado con las tinieblas, lo oculto, la muerte; también significaba la fuerza y el valor, representaba el eje Norte/Sur que, sumado al eje del blanco, se obtenían los cuatro brazos de la cruz Patée.

La oposición y la alternancia del blanco y el negro eran manifiestas en el tablero de ajedrez y representaban, en consonancia,

---

40. Artículo 241 de la Regla.
41. Marcos 9, 2-5.

ritmo de la naturaleza, el paso permanente del día a la noche, del bien al mal.

Finalmente, el color rojo hacía referencia al Sol, la vida, y simbolizaba la sangre, vehículo del alma en muchas religiones. El misterio de la sangre de Cristo engendró el mito del Santo Grial, la copa sagrada que contuvo la sangre de Jesús crucificado. Por ello era también símbolo del sacrificio que debían hacer los caballeros templarios. En algunos pueblos se los conocía como los *monjes rojos* porque cuando regresaban de las batallas, traían el manto blanco completamente manchado de sangre de sus enemigos.

Parecía que esta diversidad de cruces diferenciaba en categorías a los Caballeros del Temple de forma cualitativa o geográfica. Así, la cruz Patée distinguía las encomiendas y castillos de Portugal; la patriarcal, los de Jerusalén; la de las Ocho Beatitudes, los de Escocia y la Cruz Griega predominaba en la provincia de Castilla.

La existencia de estas variadas cruces en la historia del Temple probablemente haya estado relacionada también con la distinción jerárquica y funcional de preceptorías, bailiazgos o encomiendas, y la tácita comprensión de su significado era solo entendible para los misteriosos caballeros.

La criptología templaria

Los templarios fueron grandes maestros en el arte de la criptografía. Se supone que utilizaban un alfabeto secreto en sus transacciones mercantiles y documentos ocultos, aunque por supuesto el uso del mismo quedaba restringido a los altos cargos de la Orden y la mayoría de los templarios nunca supieron de su existencia. Se confeccionó aproximadamente hacia el siglo XII. Se conoció por los no iniciados europeos recién en el siglo XIX, y aparecía en obras realizadas mayormente por los *masones*. Esto podría dar lugar a sospechas de la falta de autenticidad de este alfabeto en el campo templario. Sin embargo, había tres documentos que usaban este alfabeto y lo datanban en el siglo XII, uno de ellos se puede ver en la Biblioteca Nacional de París.

Este era el alfabeto secreto de los templarios:

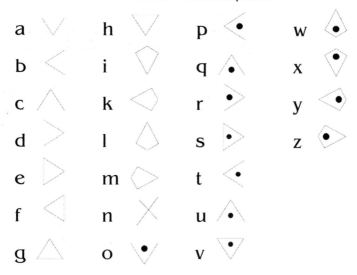

Fue creado al partir de la cruz que portaban los templarios colgada de una cinta. Esta cruz era la *Cruz de ocho beatitudes* o *cruz de ocho puntas*.

Llamaba la atención la presencia de la W que no existía en el alfabeto latino, otro motivo para cuestionar la autenticidad del alfabeto, por lo que es considerado de creación anglosajona y posterior a la Orden, pero en uno de los manuscritos del siglo XII, de la Biblioteca ya mencionada, está presente la W. El motivo de esta presencia para los templarios podía deberse a dos causas: para confundir a un posible espía y, más probablemente, ser una contraseña relacionada con los documentos comerciales redactados con el alfabeto (ver "El poder financiero").

Las letras estaban representadas con arreglo a ángulos y puntos determinados por la cruz y podían leerse mediante el medallón que portaban algunos caballeros. Hay una teoría a través de la cual el Maestre de la Orden estaba *"doblado"* por un Gran Maestre oculto, un secreto Gran Maestre de la Orden, que no habría sido elegido sino designado por testamento por el Gran Maestre oculto precedente; este sería el gran iniciado y el director real del Temple.

La evolución

La expansión militar y territorial

Desde sus inicios y hasta los sucesos que originaron su desaparición, a principios del siglo XIV, el Temple luchó en Tierra Santa —mientras estuvo en poder de los cruzados— y en los lugares en que era requerido para defender al cristianismo; así, poseyó grandes extensiones de tierra en toda Europa, trabajó, organizó y administró la agricultura, la minería, el comercio y hasta la banca de su tiempo, en conclusión, acumuló poder y riqueza. Se le atribuye la creación de documentos equivalentes al cheque bancario moderno y la utilización de contraseñas para la identificación de los *clientes*.

Extendió un estilo arquitectónico, el románico, que a pesar de ser ajeno se llegó a identificar con él. Fue tan grande el poder acumulado que motivó la envidia y la ambición, y causaron su perdición.

Sus actividades en los territorios orientales le procuraron importantes beneficios en Occidente. El Temple fue obteniendo bienes en numerosos lugares de Europa, como consecuencia de donaciones efectuadas para posibilitar sus actividades en Jerusalén. Su primera expansión tuvo lugar en Francia, donde se fundaron las grandes templerías de Champagne y Languedoc. Igual fenómeno se produjo en Inglaterra y en toda la península ibérica. Para citar solo un ejemplo, tanto en Castilla como en Aragón se produjeron dos hechos tempranos que marcaron la futura presencia de los templarios en ambas coronas. La relación entre la Corona castellana y la Orden estaba inevitablemente condicionada por los hechos acaecidos en 1157, en torno a la fortaleza de Calatrava. En aquella fecha, y ante un inminente ataque árabe, los templarios entregaron a Sancho III el baluarte que les pertenecía y, por lo tanto, correspondía defender. Ante esta renuncia, el rey castellano optó por entregar dicha fortaleza al Abad de Fitero, Don Raimundo, y a un grupo de monjes cistercienses. Estos defendieron Calatrava con éxito y fundaron la primera de las Órdenes Militares Hispánicas: la Orden de Calatrava (ver "Las órdenes religioso-militares"). Sin embargo, este hecho supuso un duro revés para el Temple, que en los años siguientes vería drásticamente reducido el número de donaciones en el territorio castellano. A pesar de estos hechos, el Temple tuvo encomiendas destacadas en Castilla: Santa María del Temple (La Coruña); Amoeiro y Canabal (Orense); San Martín de Coya (Pontevedra); San Fiz do Ermo y Neira de los Caballeros (Lugo); Villapalmaz (León); Mayorga, Ceinos, San Pedro de Latarce y Medina del Campo (Valladolid); Villalcázar de Sirga (Palencia); Villárdiga, Villalpando, Tábara, Carbajales y Benavente (Zamora); Alcanadre (Rioja); Caravaca (Murcia); Capilla, Jerez de los Caballeros y Valencia del Ventoso (Badajoz); Alconétar (Cáceres), Ciudad Rodrigo (Salamanca); Yuncos, Cebolla, Villalba y Montalbán (Toledo) y las casas de Zamora, Salamanca, Sevilla y Córdoba. En la Corona de Aragón, recibieron numerosos bienes, y tal fue el prestigio alcanzado que en el año 1134, Alfonso I el Batallador elegía por herederas de su reino a las Órdenes del Temple, San Juan y Santo Sepulcro. Sin embargo, se trató de evitar, por todos los medios posibles, que tres instituciones militares de origen extranjero se apoderasen de la Corona, por lo que se llegó a una solución de compromiso para lograr un heredero proveniente de la estirpe aragonesa. Así, se nombró monarca al hermano de Alfonso I, conocido como Ramiro II el Monje, puesto que había optado por los votos en la Orden benedictina. Con el fin de procurar un heredero, contrajo matrimonio, y tras el nacimiento de su única hija, Petronila, concertó el casamiento de ella con Ramón Berenguer IV, Conde de Barcelona, y así aseguró la línea hereditaria. Inmediatamente volvió a ingresar en la vida conventual. Hubiera sido una oportunidad única para las órdenes militares, pues habrían adquirido una increíble fuerza en el contexto político y militar del momento. Sin embargo, gracias a la hábil maniobra e ingenio político de Ramiro II, la nobleza aragonesa logró arrebatar al temple, San Juan y el Santo Sepulcro, el completo dominio de su reino. A pesar de estos acontecimientos, el Temple continuó teniendo un fuerte asentamiento en Aragón, y así lo relató Rodríguez Campomanes en una de sus disertaciones sobre la caballería templaria: "En Aragón no fueron menos las gloriosas hazañas de los templarios, en la guerra contra Moros, y tierras que poseían en las fronteras de Aragón, y Valencia; pues en el Reynado de Don Alfonso Segundo, Rey de Aragón, llamado el Casto, asistieron a la conquista de Algas, Matarraña, Guadalob, Calanda, Martin, Alambra y Caspe y otros Pueblos, que se conquistaron en las campañas de 1168 y 1169...". En Aragón, los templarios comenzaron a ejercer una de las principales actividades que desarrollarían en forma paralela a la guerra contra el infiel y a la defensa de los territorios cristianos: el préstamo, que pusieron en funcionamiento con monarcas y particulares.

Militarmente, los templarios fueron los primeros en acometer al enemigo y los últimos en retirarse, nunca lo hicieron sin mandato del jefe y, si no se conducían con el debido valor, eran castigados. En España pelearon contra los moros, aunque no se fijaba el año, se establecía aproximadamente por los bienes raíces que poseían en Portugal, León, Castilla, Navarra y Aragón.

En 1229 tomaron activa participación en la conquista de las Baleares, con un gran número de soldados y caballos. Contribuyeron en modo especial a la conquista de Valencia, y puesto sitio a la ciudad, les fue concedido el palacio, en el cual plantaron el estandarte real, tanto en Portugal como en España.

También participaron, valerosamente, en la tercera cruzada. Esta fue convocada por el papa Gregorio VII para reconquistar Jerusalén —que había sido tomada por el sultán Saladino (1138-1193)— y se inició en la ciudad alemana de Ratisbona el 11 de mayo de 1189. De allí salió Federico I Barbarroja al mando del mayor y mejor de los ejércitos organizados hasta entonces. Con un avance lento y prudente, en mayo de 1190 consiguió llegar a Asia Menor, donde enseguida venció a los turcos en la batalla de Iconio. El 10 de junio el emperador murió al atravesar el río Salef y su ejército se dispersó. Más tarde, Ricardo Corazón de León —futuro rey de Inglaterra— y Felipe Augusto salieron juntos desde Vézelay hacia Tierra Santa. Ricardo fue a Marsella y luego a Chipre; Felipe Augusto avanzó por la costa italiana y desembarcó el 30 de abril de 1191 en Acre, que se rindió el 12 de julio y donde murieron la mitad de sus fuerzas. Desesperados por la duración del asedio y el hambre, 10.000 cruzados asaltaron la ciudad faltos de coordinación y, por lo tanto, resultaron masacrados. Sus cuerpos, amontonados junto a las murallas, se descompusieron y originaron epidemias que causaron estragos. Tras la toma de Acre, Felipe Augusto regresó enfermo a Francia. Quince días después de la rendición de Acre, como Saladino no había hecho efectivo el pago de una cantidad estipulada en la capitulación de la ciudad, Corazón de León mandó decapitar a 2.700 musulmanes. A fines de 1191, cuando se encontraba a 20 kilómetros de Jerusalén, recibió noticias de los problemas que causaba su hermano Juan sin Tierra en su país y de las amenazas de Felipe Augusto a las fronteras. El 3 de septiembre de 1192, Saladino y Corazón de León firmaron una tregua: en ella se estipulaba que los cristianos conservarían la franja costera que iba desde Tiro hasta Jaffa, que la entrada de peregrinos cristianos en Jerusalén sería libre y que a los musulmanes se les permitía el acceso a las mezquitas de La Meca por territorios cristianos. Palabras aparte, para comprender de manera integral la fuerza que impulsaba a los musulmanes, debía tener en cuenta el concepto de la caballería que no era exclusivo del mundo occidental: también se desarrolló en el mundo islámico. Cuando se predicó la primera cruzada para liberar Tierra Santa en 1095, el Islam llevaba tres siglos practicando la *yihad* o combate sagrado, cuyo objeto era conquistar tierras para su religión, lo que impulsó la expansión musulmana desde el siglo VII. El cumplimiento de la yihad, uno de los preceptos básicos de aquella religión, brindaba la posibilidad de ganar fortuna y posición social en este mundo y el paraíso en el otro. En la sociedad islámica de la Edad Media, el acceso al estamento de la caballería resultaba tan arduo como en tierras cristianas: similar dificultad para disponer de caballo y armas; igual complejidad del adiestramiento; parecida cerrazón social ante los advenedizos. Los musulmanes también tenían su modelo de caballero: Saladino, sultán de Egipto y Siria y creador del imperio más vasto del mediterráneo oriental, conquistó Jerusalén y gran parte de los territorios de los cruzados en Oriente. Sus actitudes siempre nobles y gentiles, contrarias a la época, se hicieron tan famosas como sus hazañas guerreras. Su reputación fue tan positiva en sus propias tierras como entre los cruzados, motivo por el que en Europa comenzaron leyendas en torno a su figura donde se lo elogiaba como a un héroe cristiano.

La séptima y octava Cruzada —las últimas— fueron convocadas como consecuencia de la pérdida de Jesuralén (1224) y Antioquia (1268); dirigidas sin éxito por Luis IX de Francia. Tras el cese de hostilidades en 1272, el papa Nicolás IV predicó una nueva Cruzada con motivo de la caída de Trípoli, sin embargo, su convocatoria no encontró respuesta entre los monarcas occidentales: estaban más preocupados por detener la expansión del Islam y consolidar sus propios estados que por recuperar los Santos Lugares.[42]

Aun así, se produjeron nuevas Cruzadas aisladas y sin organización entre los siglos XIV y XV e incluso XVI; su ejecución práctica solía estar al cabo de la llamada cruzada permanente, es decir, a cargo de las órdenes militares del Temple o del Hospital de San Juan de Jesuralén. Una vez disuelta el Orden del Temple, serían los hospitalarios, instalados en la isla de Malta, quienes continuarían la lucha contra turcos y berberiscos hasta fines del siglo XVII.

El poder financiero

> *"(...) Los templarios inventaron el concepto de banca moderna. Para la nobleza europea, viajar con oro era peligroso, por lo que a los caballeros de la orden les permitían depositarlo en la iglesia del Temple más cercana y retirarlo en cualquier otra, en todo punto de Europa. Lo único que necesitaban era acreditarse mediante la documentación correcta —hizo una pausa—. Y pagar una comisión. Fueron los primeros cajeros automáticos (...)"*
> Dan Brown, *El código Da Vinci*.

Muchas de las funciones de los bancos, como la de guardar fondos, prestar dinero y garantizar préstamos, así como el cambio de

---

42. En esta época se libra la Guerra de los Cien Años.

monedas, pueden rastrearse hasta la antigüedad. Durante la Edad Media, los caballeros templarios no solo almacenaban bienes de gran valor sino que también se encargaban de transportar dinero de un país a otro. La gran fuente de ingresos templarios fueron, primordialmente, las donaciones. No bien promulgado el nacimiento de la Orden en Troyes, Hugo de Payns, Bernardo y otros caballeros se dispersaron por los reinos de Europa pidiendo contribuciones en hombres, armas, dinero o bienes para el sostenimiento de la guerra. La respuesta fue franca y contundente en todos los sentidos. Reinos y nobles compitieron en las dádivas, a tal punto que se constituyó una especie de moda. Así, ingresaron cuantiosas donaciones de particulares, principalmente en Francia, Inglaterra, España, Portugal e Italia; también con lo que aportaban cuantos ingresaban en ella y con los préstamos hipotecarios hechos a los que querían visitar los Santos Lugares. Por todo ello, la Orden del Temple se convirtió en pocos años en toda una potencia económica —era, sin lugar a dudas, la banquera de Europa— e incluso una potencia marítima, aliada de Venecia, con puerto principal en Marsella, desde donde trasladaba a Jerusalén en sus propios barcos, no solo peregrinos, sino cuanto producía en sus encomiendas provinciales de Inglaterra, Irlanda, Escocia, Francia, Normandía, Borgoña, Poitou, Aquitania, Gascuña, Auvernia, Alemania, Lombardía, Portugal, Castilla, Aragón, Cataluña, Rosellón, Navarra, etc. Una perfecta organización de encomiendas, aldeas, establecimientos, molinos e iglesias productivas que no pagaba impuestos ni diezmos, lo que permitió no solo subvencionar todos sus gastos en Oriente, sino fortificar Oriente y Occidente con castillos e iglesias.

En cierto momento, hacerse templario gozaba de gran prestigio, especialmente el de ser enterrado como un miembro de la orden. Por ese motivo muchos hacían numerosas donaciones tal como el caso mencionado de Alfonso I el Batallador, rey de Aragón y Navarra, que dejó en testamento (1131) sus reinos a las tres órdenes internacionales de Tierra Santa (Ver "La expansión territorial"). Otra costumbre tradicional en ese tiempo que contribuyó también al enriquecimiento, consistía en "donarse en vida": el donado recibía múltiples privilegios en vida, como la exención de muchos impuestos y la protección de la propia Orden. A su muerte, era el Temple quien se beneficiaba de su herencia.

Los templarios reunían sus posesiones mediante permutas, compraban cuanto había entre una posesión y otra, racionalizando la producción. De esta forma, el Temple fue uno de los mayores terratenientes de Europa, la primera potencia feudal de esos siglos, porque recibía la quinta parte de cuantas tierras se conquistaban a los árabes en España, cultivaba y daba en arrendamiento sus posesiones con campesinos de la gleba o esclavos musulmanes. Entre agricultura, ganadería, banca, empleos públicos, comercio con Siria y Egipto y transporte recibía más rentas que los propios reinos cristianos. Las encomiendas, núcleo central de su organización territorial, resultaron unidades autosuficientes y siempre generaban excedentes que se destinaban a la casa provincial; de allí pasaban a la central que los reenviaba a Tierra Santa para sufragar gastos militares y de mantenimiento de sus fortalezas y tropa. Cada una de estas se convirtieron en verdaderos pueblos con parroquia propia, muchos con castillos, y se estimaba que su número aproximado fue de mil quinientas. En 1291, cuando se perdió definitivamente el reino cristiano de Jerusalén, tras la toma de Acre el 19 de mayo, fue el castillo templario el último en rendirse. En cuanto a la organización económica, la Orden ejerció un destacado papel financiero en la sociedad medieval del momento: tenía en cada uno de los países cristianos un Maestre provincial. Esta autoridad era casi ilimitada y se le consideraba como príncipe soberano entre los reyes. Mientras Jerusalén estuvo en poder de los cristianos, la sede principal estuvo en esta ciudad; después fue trasladada a París donde construyeron grandes edificios que perduraron con su propio nombre hasta 1610, cuando fueron derribados.

El Temple se convirtió en un precedente de las futuras sociedades bancarias italianas y la confianza que inspiraba su prestigio, lo convirtió en banca de la Santa Sede, de reyes, príncipes y particulares, lo que permitía la afluencia de depósitos en sus casas. Inclusive cuando alguien decidía emprender una peregrinación a

Tierra Santa, hipotecaba sus bienes con el Temple, a cambio de efectivo para llevar a cabo durante el largo viaje. Los negocios financieros de la corona francesa estaban estrechamente vinculados al Temple. Se afirma que durante más de un siglo, el tesoro real estuvo allí, donde se recibían las cuentas de los funcionarios y el tesoro templario entregaba las sumas que fuesen necesarias para los gastos locales cuando se necesitaban. En definitiva, podemos considerar que la Orden adquirió un elevado nivel de riquezas, que unido a su independencia del poder civil y su dependencia directa de la Santa Sede gracias a la bula "*Omne datum Optimum*", provocaría una importante conmoción en los núcleos de poder europeos. Con el tiempo, las donaciones siguieron aproximadamente los vaivenes de la guerra. Así, alcanzaron una curva ascendente durante los primeros tiempos cuando la Ciudad Santa acababa de ser recuperada, para estabilizarse luego y, finalmente, al producirse la pérdida de Jerusalén en 1244, se iniciaría la inevitable merma de todos los territorios cruzados que culminaron en 1291 y el retorno de los caballeros de las órdenes militares a Occidente, sin el objetivo para el cual habían sido creadas. Se calcula que a la caída de la Orden existían entre 1.500 y 9.000 encomiendas —según los diferentes autores— y unos 10.000 castillos repartidos en toda Europa.

Para una efectiva administración, la Orden, poco después de establecida, tomó posesión de numerosas tierras y castillos entre los que estableció bien pronto un activo tráfico e intercambio.

Si algo caracterizaba al hombre medieval era la peregrinación. Las ciudades de Romería, Santiago de Compostela, Roma y Jerusalén, resultaban lugares sagrados para el cristianismo y los peregrinos, cualquiera fuera su destino, debían realizar un largo camino y soportar dificultades para transportar algunas pertenencias y dinero. Por eso, las rutas debían estar despejadas para el despacho de alimentos e insumos a las zonas de operaciones. Como el papel moneda era casi desconocido en la época, quien viajaba y deseaba llevar dinero debía hacerlo en metálico —oro, plata, cobre—, lo que acarreaba bulto, peso y ruido difíciles de disimular. Por lo tanto, la primera tarea fue despejar los caminos y, en muchos casos, de mejorarlos. De esta forma, los templarios se transformarían en el correo más seguro para el transporte de caudales entre Occidente y Oriente y dentro del territorio europeo. Consecuentemente, floreció el comercio urbano y la relación campo-ciudad se hizo más fluida; proliferaron paradores, posadas y postas; los precios de los alimentos y las artesanías disminuyeron pues ya no era necesario agregar un costo adicional por la inseguridad en el transporte. De tal forma, la limpieza de caminos europeos sirvió a los fines estratégicos y financieros de la Orden.

Otro problema de la época fue el viaje por mar que ofrecía tres tipos de peligros; dos de los cuales podían superponerse: las vicisitudes propias de una tormenta marítima con el consecuente riesgo de zozobra; que el barco atracara en un puerto musulmán y la posibilidad de que los tripulantes fueran vendidos como esclavos; ser atacados por piratas y que los sobrevivientes tuvieran el mismo fin. Por todo esto, la flota de los templarios brindaba seguridad al respecto, no solo porque se confiaba ciegamente en que nadie sería vendido como esclavo sino que navegaban con otras naves escoltas que ahuyentaban cualquier ambición corsaria. Poseían barcos capaces de transportar hasta 1.500 pasajeros y, en un momento dado, los templarios llegaron a trasladar seis mil peregrinos anuales a Palestina desde los puertos de España, Francia e Italia.

Por estos motivos, surgieron las operaciones bancarias. Aunque la letra de cambio ya había sido inventada y puesta en práctica por lombardos y venecianos, su mayor perfección y difusión fue alcanzada por los templarios. Probablemente con este fin el Temple elaboró un código alfabético sobre la cruz griega de ocho puntas. Pintando alternativamente diferentes partes de la misma se lograba un alfabeto simbólico de veinticinco letras: el significado era absolutamente secreto y aún hoy, existe dificultad para su interpretación (ver "La criptología"). Se presume que cada individuo, su origen y punto de destino como así también el monto de la operación que le correspondía, podía ser identificado mediante el código, pero solo por los templarios.

Buenos negocios, botines, extensas propiedades puestas a producir, la excelente administración[43] y la seguridad de los depósitos lograron, en poco tiempo, que los propios reyes depositaran con ellos sus tesoros y también que acudieran a sus arcas para salvar los desajustes gubernamentales.

Se transformaron en los grandes banqueros de la Edad Media. En 1247 sus propiedades cubrían un tercio de París, desde la Sorbona hasta lo que es hoy la Plaza de la República. No obstante, la riqueza de la Orden se sentaba sobre la pobreza individual de cada uno de los hermanos, desde que todos los bienes eran comunitarios.

El enriquecimiento y, en consecuencia, las riquezas adquiridas, fueron, sin lugar a dudas, su propia destrucción: la envidia de los poderosos tanto nobles como reyes y del propio clero se unieron para su aniquilación.

La arquitectura templaria

El Temple, en función de su doble condición monástica y militar, desarrolló dos tipos de construcciones: la catedral en Occidente y la fortificación en Oriente.

El regreso de los primitivos caballeros de Tierra Santa coincidió con el nacimiento del arte gótico[44], estilo absolutamente inédito que vino a reemplazar al románico. Numerosos autores asociaban esta renovación en el arte constructivo a la obra directa de los templarios.

El primer templo cristiano levantado con las características góticas fue, en 1137, el de Saint-Denis a cargo del Abad Suger, amigo de Bernardo de Claraval. Esa abadía dependía directamente de la autoridad real desde los tiempos de la dinastía

---

43. Ejemplo de ello es que el hermano Aymard llegó a ser tesorero del Temple, de la Cuarta Cruzada y de Francia.
44. El nombre de estilo gótico fue puesto por el pintor y arquitecto italiano Giorgio Vasari (1511-1574), que lo supuso invención de los germanos, más precisamente de los godos, de donde vendría el vocablo *gótico*.

merovingia y era el lugar de entierro de los reyes franceses. La renovación de la iglesia se hizo partiendo de unas ruinas prerrománicas. Lentamente el románico dejó paso al gótico en la construcción de templos, oratorios y catedrales. Su desarrollo fue tan notable que, a partir del siglo XIII, se lo identificó con la dinastía de los Capetos.

Las características de la construcción románica eran las paredes gruesas y fuertes para soportar el techo. Por lo tanto, eran construcciones bajas con estrechas y escasas ventanas para no debilitar la estructura de los muros. Por el contrario, el gótico, mediante arbotantes y contrafuertes producía una presión hacia arriba que permitía soportar fácilmente la cúpula. En consecuencia, la elevación de las construcciones rápidamente alcanzaron los veinte y treinta metros y llegaron a superar los cuarenta metros de altura.

La revolución producida con el cambio arquitectónico fue de dos tipos: en el campo constructivo permitió el paso de luz al interior de los templos, lo cual ayudó en la difusión del pensamiento cristiano: unión del hombre con Dios y la luz que emanaba. En el campo social, trajo aparejada una transformación al cambio de estilo. Anteriormente, el románico contenía un arte, una cultura y un conocimiento reservado al mundo monástico; el gótico, con su amplitud y luminosidad, produjo la apertura del templo al pueblo; la religión se hizo claramente popular. Gran parte de la vida de los pueblos y las incipientes ciudades transcurría dentro de las catedrales: las fiestas populares, con sus danzas y pantomimas, y el teatro.

La catedral tipo constaba de dos altas torres rematadas por agujas, tres o más naves y cabecera en girola. La construcción era solemne y elevaba el espíritu como lo hacían sus bóvedas. Las cabeceras se orientaban casi siempre hacia el Este en un oculto homenaje y saludo al lugar de donde salía el sol, de donde provenía la luz... Con los amplios ventanales, sobrevino la decoración con *vitraux* o vidrieras con motivos religiosos, donde la luz traspasaba las imágenes y decoraciones del templo. Por otra parte, los vitrales de las ventanas catedralicias fueron construidos, según una fórmula precisa que exigía sal, arena y cenizas, a la que se daba color con óxidos de metal derritiendo esa mezcla al calor.

En cuanto a la escultura y sin abandonar la religiosidad, se trabajó en símbolos mucho más comprensibles para el pueblo que lo que había sido el Románico. También apareció por primera vez el rosetón, colocado en Saint-Denis. Entre 1170 y 1270 se construyeron en Francia más de quinientas iglesias góticas. Los templarios construyeron o ayudaron a construir más de setenta catedrales en menos de cien años que, liberadas del románico, se alzaban hacia el cielo con la intención de elevarse hacia el Creador. Todas las catedrales e iglesias francesas de importancia se construyeron en los casi dos siglos de existencia del Temple.

Los templarios, conocidos adoradores de la Virgen, distribuyeron la construcción de catedrales a Nuestra Señora en diferentes ciudades y los requisitos operativos para estas construcciones necesitaron gran cantidad de arquitectos, albañiles, carpinteros, escultores, pintores y otros artesanos a los que el Temple protegió. En la época se asociaban en "fraternidades" constructoras, siendo las más famosas los "Hijos del Maestre Jacques" o los "Hijos de Salomón" que, desamparadas y perseguidas al caer el temple, se transformarían en origen de la franc-masonería.

En general, las órdenes monásticas albergaban junto a su convento a asociaciones de constructores que se comportaban de forma similar a la orden. Conservaban los secretos del arte, dividiéndose en grados jerárquicos, los tres estamentos clásicos de aprendiz, compañero y maestro, con un ritual iniciático de ingreso y la admisión, a veces, de colaboradores libres —de allí, *franc*-masones o *free*-masones— que actuaban libremente, sin quedar sometidos a ninguna sede, logia, patrón o señor. Tanto en el Temple como en el Hospital de San Juan hubo compañías que construyeron todo cuanto se conocía de las órdenes monacales: conventos, catedrales, fortalezas, palacios, etc. Los secretos iniciáticos y los simbolismos de estas agrupaciones estaban estrechamente relacionados con el Temple y luego, cuando llegó la represión y la aniquilación de la orden, servirían de identificación y reconocimiento porque sirvieron a muchos templarios como refugio o nuevo camino de vida. Por ese motivo, muchos caballeros que huyeron de la persecución en Francia, hallaron protección en las sociedades de canteros asentadas en Inglaterra, Portugal y Alemania.

En Oriente, los templarios fueron constructores de castillos y fortificaciones. Emprendieron construcciones o reconstrucciones —al igual que los sanjuanistas— a fines del siglo XII y hasta la mitad del siglo XIII. Sin embargo, cada orden adoptó un estilo arquitectónico diferente, tal vez como consecuencia de las rivalidades y envidias que desde siempre hubo entre ellas. Los hospitalarios siguieron la arquitectura militar francesa y los templarios se apoyaron en viejos modelos romanos de la zona a los que modificaron según las conveniencias. Recuperaron así la tradición del emperador Justiniano, al reconstruir sobre las ruinas de sus fortalezas. T.E. Lawrence —posteriormente conocido como "Lawrence de Arabia"— entre los años 1906 y 1909, como estudiante de historia en Oxford, elaboró su tesis sobre "Los castillos de los cruzados" e hizo un detallado análisis de los mismos.

En el lapso comprendido entre 1180-1250 —llamado "la era de los castillos"— se realizó la mayor parte de las construcciones. Tal vez, los templarios hayan empezado con el pequeño castillo del Vado de Jacob, pero la fortificación más importante fue la del Castillo Peregrino, llamada así por la cantidad de peregrinos que trabajaron y se hospedaron en él. El Temple tuvo, aproximadamente, una veintena de fuertes en Palestina, de los cuales los más conocidos son el castillo de Cesárea —donde se decía, que al excavar encontraron un tesoro y un pozo de agua dulce—; el de Tortosa que era casi infranqueable porque estaba junto al mar y sus aguas llenaban el foso perimetral; los de Acre, Safed, Castillo Rojo y Chastel Blanc.

El fin

"Se levantó lentamente y dio algunos pasos, hasta que sintió el tirón de la cadena que lo amarraba al muro. Entonces comenzó a gritar: —¡Jacques de Molay! ¡Jacques de Molay! ¡Soy Jacques[45] de Molay! Nadie le respondió, lo sabía; nadie debía responderle. Pero necesitaba gritar su propio nombre, para impedir que su espíritu se diluyera en la demencia, para recordarse que había mandado ejércitos, gobernado provincias, ostentado un poder igual al de los soberanos y que, mientras conservara un soplo de vida, seguiría siendo, aun en aquel calabozo, el Gran Maestre de la Orden de los Caballeros del Temple."
Maurice Druon, *El rey de Hierro*.

El panorama político y económico

En 1244 se perdió definitivamente Jerusalén de los dominios cruzados. A partir de ese momento, los nobles a cargo de las sucesivas Cruzadas —mal organizadas y con escasos recursos económicos— solo gozarían de pocos triunfos y, en cambio, muchas e importantes pérdidas: batalla de Damieta en 1249; batalla de Mansurah en 1250; en 1271, el sultán de Egipto, Baibars, captura el Crac de los Caballeros del Hospital; en 1287 se pierde Trípoli y, finalmente, en 1291 cae San Juan de Acre, última ciudad cruzada en Tierra Santa. La orden comenzó a decaer cuando no podían prometerse más éxitos ni aspirar a mayor poderío, al cumplirse un siglo de la fundación de los templarios, se contaban 3.000 caballeros y un número considerable de criados, progresaron de tal forma que llegaron a tener 9.000 casas

---

45. En la traducción figura el nombre Jacobo, se ha cambiado para mantener coherencia con el resto del texto. Sin embargo, en muchas versiones se encuentran diferencias con el nombre del Maestre de Molay.

o conventos, motivos que, tal vez, ablandaron su caridad y piedad primitivas. Al terminar el siglo XII la Orden contaba con unos 30.000 miembros —la mayor parte franceses—, su flota monopolizaba el comercio de Levante y de transportistas a Tierra Santa; el oficio de banquero, sus negocios mercantiles con los propios musulmanes a los que combatían, así como con Siria y Egipto y las múltiples encomiendas diseminadas tanto en Oriente como en Occidente, no hacían más que confirmar lo que muchos afirmaban: que habían llegado a una gran arrogancia. Palestina estaba en poder de los musulmanes, y ellos no hacían esfuerzo alguno por recobrarla, sino que esgrimían la espada para adquirir feudos y armar peleas. Los templarios ingleses se habían atrevido a decir al rey Enrique III: "Seréis rey mientras seáis justo"; palabras que dieron mucho que pensar a Felipe el Hermoso, que, como los demás príncipes, deseaba impunidad para sus injusticias.

Hay que tener en cuenta que, a partir de la Segunda Cruzada, el interés de los cruzados pasó a ser el botín, el perdón de sus pecados por el simple hecho de "llevar la cruz" y, por lo tanto, la importancia de la conquista y el mantenimiento de Tierra Santa y sus caminos al igual que la misión evangelizadora —que ya ni siquiera parecía estar en el ánimo de los propios eclesiásticos y de las órdenes religioso-militares— de transmitir y "transformar a los infieles" a la fe cristiana, dejaron de tener el objetivo original. A ello se le sumaban las rencillas internas en Europa de papas y reyes en lucha por el poder soberano, el enfrentamiento entre los templarios, hospitalarios y teutónicos. Se podía entender el fértil terreno que ayudó a la caída del temple. Además, con el paso del tiempo, los templarios no fueron queridos por gobernantes, eclesiásticos y por el mismo pueblo. Decían que eran extremadamente orgullosos y habían perdido toda la humildad que caracterizó a Hugo de Payns y los caballeros pioneros. Es ilustrativa una anécdota que decía que al morir el Rey Ricardo Corazón de León legó sus mayores pecados a las órdenes religiosas: así, al cister le dio la avaricia, a los mendicantes, la lujuria y a los templarios, la soberbia.

Finalmente, la conquista de San Juan de Acre —último bastión cristiano en Tierra Santa— en 1291 por parte de los musulmanes, significó el ocaso de las órdenes militares y el fin definitivo para el Temple. La situación histórica también había cambiado, si Hugo de Payns había partido a Oriente desde la Europa feudal, Jacques de Molay, el último Maestre, regresó a la Europa de las monarquías absolutas. Durante el feudalismo, el Temple había sido una necesidad, pero para las monarquías del siglo XIV era una presa muy codiciada. Sin embargo, la historia de los enemigos de la Orden se remontaba a los principios de su fundación, cuando los sucesivos papas tuvieron que emitir una bula tras otra para protegerla contra la violencia y la expoliación, así como de las diatribas de los obispos debido a los privilegios con que contaba. De todas las Órdenes Militares afincadas en los reinos cruzados, la Orden del Temple era la que mayores recelos podía despertar en la clase gobernante. Una milicia organizada, con una gran provisión de fondos económicos, acreedora de varias monarquías, y ciertamente, sin ninguna misión concreta que cumplir, significaba un grupo de alto riesgo para cualquier estado en el que estuviese establecida, y obviamente podía crear recelos y miedos: miedo político. Una de las posibilidades que se esgrimieron durante cierto tiempo —especialmente en 1274, en el Concilio de Lyon— fue la fusión entre la Orden del Temple y la Orden de San Juan del Hospital —también en 1305 hubo propuestas del Papa para unificar las órdenes militares—; en 1307, Jacques de Molay, elegido Maestre del Temple entre los años 1292 y 1296, rehusó la proposición. En 1285, era coronado Felipe IV, rey de Francia, apodado el Hermoso y "el rey de hierro", principalísimo actor en la desaparición de los templarios. Ambicioso en extremo, vio en los inmensos tesoros templarios una fuente que lo sostuviera en el trono y, a la vez, anulado el poder temporal de la Orden, pensaba ver reforzado su propio poder real. Era la tarea difícil pero no imposible y el camino lógico era intervenir a través del Papa, sometido prácticamente a la corona francesa y único superior de los caballeros del Temple. Hay que tener en cuenta que a fines del siglo XIII, la monarquía francesa se hallaba inmersa en una gran crisis económica, su tesoro estaba exhausto. Todo ello acrecentado por las luchas mantenidas con Inglaterra y Flandes; la victoria de Mons había arruinado la situación; el rey pretendía recuperar la Guyenne y estaba a punto de perder Flandes. Normandía se negaba a pagar el nuevo tributo impuesto y hay que agregar la importante querella entre Felipe IV y el Papa Bonifacio VIII, que lo excomulgó. La posibilidad de hallar el dinero necesario en tan graves circunstancias no podía buscarse en los judíos pues estaban agotados por los préstamos continuos, una gran confiscación solo conduciría a indisponerse con las clases allegadas a la corona, y fingir que se iría a una nueva cruzada pero no por el botín, sino como la mayor gloria de la religión y el triunfo de la ley, resultaba ya casi increíble e imposible encontrar adeptos.

Algunas circunstancias ayudaron al rey de Hierro: en 1302, la caballería francesa fue destrozada en Courtrai. En 1303, el monarca francés hizo raptar al papa Bonifacio VIII en Anagni, el jefe de la operación fue luego canciller del reino, Guillermo de Nogaret, autor de una memoria sobre la recuperación de Tierra Santa, en la que afirmaba que los templarios eran los responsables de su pérdida y proponía confiscarles sus tesoros para financiar una nueva cruzada. Bonifacio VIII falleció un mes después de ser liberado gracias a un motín popular, aunque ya había excomulgado al monarca francés. Le sucedió Benedicto XI, que murió en circunstancias muy extrañas al año siguiente, precisamente la víspera del día en que iba a excomulgar a Nogaret. Finalmente, Felipe IV logró que se nombrara como nuevo Papa al arzobispo de Burdeos, Bertrán de Got, que tomó el nombre de Clemente V. Se trataba de un papa francés y le debía la tiara al rey, que consiguió también trasladar la sede pontificia a Avignon e inició el llamado "cautiverio de Babilonia", bajo el estricto control de la monarquía francesa.[46] El Temple fue para el rey francés un objetivo alcanzable. Es en este punto, donde la Orden alcanzó la categoría de mito y donde se confunde, muchas veces, la veracidad histórica y se

---

46. "Diccionario de los papas", Barcelona, 1989.

entraba en la fantasía y la extrapolación de los hechos. Sin embargo, lo sucedido no respondía más que a una hábil maniobra política llevada a cabo por Felipe IV y sus colaboradores.

El proceso

> "Vislumbraba, a lo lejos, la silueta de un hombre que caminaba solo, entre dos luces. Un templario solitario, en un páramo, bajo un cielo sin Dios. Cerró los ojos, angustiado. Intentaba rezar, desafiando el vacío escondido en cada palabra. Sentía una inmensa soledad. Una tranquila y desesperada tristeza."
> Arturo Pérez-Reverte, *La piel del tambor.*

Los enemigos del Temple tenían grandes temores: a un grupo militar organizado, a la ausencia de control por parte de la autoridad civil, a encontrarse con una importante fuerza que apoyase al Papado y, esencialmente, miedo a su inmenso poder económico, del cual el monarca francés era altamente dependiente. Por eso, convirtió ese "miedo político" en "miedo religioso", y decidió atacar a la Orden del Temple no de una forma abierta, sino encubierta con la acusación de herejía, siguiendo las sugerencias de Guillermo de Nogaret.

En 1304, surgieron las primeras acusaciones contra el Temple fraguadas por el siniestro canciller que comenzaba a reunir falsos testigos. Entre los principales se encontraron: Esquieu de Floryan, nacido en Béziers y prior de Montfalcon —quien calumnió a los templarios primero ante Jaime II de Aragón, y después ante Felipe IV— y un tal Noffo Daghi de Florencia, ambos con motivaciones puramente mercenarias. Estos habían sido condenados a muerte, pero al fugarse de la cárcel describieron los delitos que afirmaban eran comunes a toda la Orden.

Por instigación de Felipe el Hermoso se esparcieron libelos infamantes, en los que se hacían absurdas acusaciones contra la Orden, tachándola de hereje, impía y culpable de los más atroces crímenes. El 24 de agosto de 1306 se expidió una bula papal en la cual se prometía investigar los cargos que se imputaban a los templarios.

Francia se hallaba en ese momento bajo la jurisdicción de la Inquisición, facultada para obrar sin consultar previamente al Papa. El Gran Inquisidor de Francia era Guillermo de Paisans, el propio confesor del rey. El método legal seguido por Nogaret y el inquisidor consistió en presentar denuncias a la Inquisición, que pidió el arresto de los inculpados a las autoridades civiles. El rey de Francia enviaba a los jueces cartas selladas con la orden de arresto de los templarios por "presunciones y violentas sospechas" originadas por la "denuncia" de Floryan. El manifiesto real se difundía y se ejecutaba en París. La acusación era de apostasía, ultraje a Cristo, ritos obscenos, sodomía e idolatría. Así, el rey francés y sus consejeros habían despachado en Maubuisson la orden secreta de apresar a todos los templarios del reino y de ocupar todas sus casas y bienes un mismo día y a una misma hora en toda Francia. Todos los caballeros y miembros de la Orden fueron capturados en una sola noche, en la madrugada del 13 de octubre se realizó la detención masiva y fueron confiscados todos sus bienes en las 3.000 casas que la Orden poseía en Francia.

Según afirmaban algunos historiadores, Clemente V, antes de ser elevado a la silla pontificia, había contraído con su protector el compromiso de la extinción de los templarios. Cuando fue papa, Felipe tuvo muy en cuenta ese acuerdo y empezó una verdadera confabulación. Lo primero que concertaron ambas potestades fue apoderarse de la persona más importante de la Orden: de Jacobo de Molay, Maestre de los Templarios, y para ello se valieron de un infame complot. El 6 de agosto de 1306, el papa Clemente V le ordenó venir desde Chipre para hablar con él acerca de una nueva cruzada. El Maestre llegó a París a principios del año siguiente, dicen que, ingenuamente, cargado de oro y plata y acompañado de sesenta caballeros. Inmediatamente fue apresado en la Torre del Temple, junto con el tesoro de la Orden, que quedaba en manos de la monarquía francesa. Se piensa que alrededor del millar de templarios pudieron ser capturados en poco tiempo, los cuales, rápidamente, fueron puestos a disposición de la Inquisición. Con el fin de reunir más pruebas, Nogaret hizo entrar en la Orden a doce espías y, mientras tanto, el rey Felipe presionaba a Clemente V para atraerlo a su causa, y este dudó antes de decidirse a actuar contra los templarios.

Cuando se procedió a interrogar a 138 caballeros, 36 murieron por torturas. Clemente V protestó ante Felipe de Francia por el arresto. Sin embargo, a través de la bula papal "*Pastoralis praeminentiae*" se ordenó a los príncipes cristianos que arrestaran a los templarios. Tal cambio de actitud solo pudo deberse al peso de las acusaciones. Posteriormente, el rey francés convocó a los Estados Generales y exigió que los templarios fueran condenados y, por ese motivo, se desplazó a Poitiers para entrevistarse con el Papa ante quien comparecieron 72 caballeros. El rey mantuvo la custodia de los bienes —casi todos los historiadores creen ver allí el motivo del ensañamiento con la orden— pero los de las personas pasaron a la Iglesia. El asunto cada vez se complicaba más, el Maestre pedía comparecer ante el papa, su única autoridad, pero esto jamás sucedió. Se nombraron comisiones eclesiásticas con la autoridad del obispo de cada diócesis. En 1309, a un año de su constitución, se abrieron las sesiones de la comisión eclesiástica de París. Ante ellos compareció de Molay.

Al año siguiente, el 11 de mayo exactamente, en el Concilio provincial en Sens, 45 templarios revocaron sus confesiones por lo que fueron acusados de "relapsos"[47] y quemados al día siguiente. Por su parte, la comisión episcopal dio por finalizadas sus investigaciones, al concluir en que no se podía condenar a la Orden sin haber oído públicamente su defensa. Los acontecimientos se aceleraban mes a mes. En la apertura del Concilio ecuménico celebrado en Vienne en 1310, las conferencias duraron meses seguidos, sin avanzar en el proceso contra los templarios. Felipe IV, principal acusador de la comunidad caballeresca, se apersonó en el mismo y celebró a los pocos días una sesión secreta en la que el pontífice, en presencia de muchos cardenales y prelados, sorpresivamente, por la bula "*Ad Providam*" anuló por completo la Orden y distribuyó los bienes del Temple reservándolos a la iglesia y a las personas.

---

47. El término *relapso* —del latín re-lapsus, recaído— se aplicaba a los inculpados que recaían en la herejía después de haber manifestado públicamente su abjuración.

Pero todos los bienes templarios de Francia ya habían sido confiscados para la Corona, a pesar de los intentos del Papado por recuperar lo que consideraba que era suyo. Hubo, asimismo, otras prerrogativas papales para que los reconciliados fueran recibidos en diversos monasterios.

La confabulación ya estaba armada, el 18 de marzo de 1314, siete años después de haber sido tomados prisioneros, en el atrio de la catedral de París, se sentenció al Maestre y su segundo en el mando, Godofredo de Charnay, preceptor de Normandía. Al día siguiente, murieron en la hoguera.

Clemente V intentó de alguna manera evitar el destino de los caballeros de la Orden, pero su intervención no sirvió prácticamente de nada. Los habituales métodos de tortura inquisitoriales lograron las confesiones de la mayoría de los acusados, incluido el propio Gran Maestre y los altos dignatarios del temple. Las acusaciones fueron más que suficientes para crear el miedo entre el pueblo y convencer a la opinión pública de que aquella Orden consagrada a la defensa de lo más sagrado de la cristiandad —como había sido Jerusalén— se había convertido en una inmensa herejía. En poco tiempo, los caballeros de la Orden fueron desapareciendo a manos de la Inquisición o huyendo cuando les era posible.

Un templario inglés, en febrero de 1308, escribió que el proceso a los templarios no fue, en absoluto, un proceso ordinario que quiso descubrir la verdad, sino un proceso político que se propuso convertir a un sospechoso en culpable.

En las demás provincias del Temple, las reacciones fueron diversas, en algunos reinos cristianos se llevaron a cabo también procesos semejantes al reunirse al efecto algunos concilios y al formarse un interrogatorio que constaba de doce artículos, aunque ciertamente no con la misma violencia e importancia que en Francia. Muchos los declararon inocentes o reconciliados con la Iglesia, se les autorizó a vivir en las casas del Temple o en monasterios de su elección. En Aragón, por el concilio de Tarragona, los templarios fueron absueltos y pasaron a diversas órdenes, principalmente a la de Montesa, que acogió todos los bienes del Temple. Lo mismo en las coronas de Castilla y León. En Portugal, el rey Dionis creó la "Orden do Cristo" y se les permitió pertenecer a la misma; en

Alemania, en que por el sínodo de Maguncia se dictó sentencia absolutoria, los caballeros se dispersaron y fueron acogidos en su gran mayoría por la orden teutónica; en Italia se entendió la inocencia de la Orden pese a haberse utilizado tortura en las confesiones; en Inglaterra, por el concilio de Londres, se condenó a los templarios a guardar penitencia, pero no hubo violencia y en Escocia nunca llegó noticia alguna de la disolución de la Orden ni condena para los pertenecientes a ella.

En Inglaterra, en 1308, fueron presos todos los templarios, los historiadores no estaban de acuerdo respecto de que hayan quedado probados los delitos; es más, los templarios de York negaron reiteradamente los delitos que se les imputaban. El castigo que se les infligió fue recluirles a perpetuidad en algunos monasterios, donde vivieron santamente.

En Alemania se convocó a un concilio en 1310 donde se trataron, entre otros asuntos, el de los templarios. Durante las deliberaciones se presentó de repente el Gran Maestre Hugo, conde de Silvestris y del Rhin, que residía en Grambach, acompañado de veinte caballeros que vestían el hábito de la Orden y estaban completamente armados y fue invitado a exponer su demanda. Afirmó que ellos entendían que el Papa había consagrado aquel sínodo para aniquilar la Orden, imputando a los caballeros crímenes falsos y condenarlos sin ser oídos ni convictos. Además, protestó porque en otras naciones sus correligionarios fueron quemados vivos y sufrieron la muerte sin confesar los delitos. Para evitar trastornos se admitió su protesta, se consultó al papa y, finalmente, el Maestre Hugo y sus compañeros regresaron tranquilamente a la fortaleza de Grambach y fueron absueltos al año siguiente. Los cuantiosos bienes de los templarios fueron, en gran parte, entregados a los caballeros teutónicos.

El concilio provincial de Vienne, reunido en París en 1310, fue presidido por Felipe de Marigny, hermano del Ministro de Hacienda de Felipe el Hermoso, que tomó la determinación de expulsar a algunos templarios, dejando a otros libres después de cumplir la condena, pero la mayoría fueron encarcelados, muchos condenados a prisión perpetua, y los relapsos en la herejía fueron degradados por el obispo y entregados al brazo secular de la Justicia y quemados en la plaza pública.

En 1312, la bula "*Ad providam*" de Clemente V, asignaba los bienes del Temple a la Orden del Hospital, pero esto no tuvo la misma efectividad en todos los estados. Con respecto a los bienes de los templarios, se concedieron todos aquellos a la Orden de San Juan de Jerusalén, exceptuando los que existían en los dominios de los reyes de Castilla, Portugal y Mallorca cuyo destino se reservó a la silla apostólica. Una vez que la Orden Hospitalaria logró recuperar los bienes de los Monjes Soldados, tuvo que pagarles, a cambio, una pensión de por vida. Algunos, desilusionados, se corrompieron o se casaron, sin preocuparse de sus hábitos monásticos. En cuanto a los condenados a prisión, padecieron en ella durante muchísimo tiempo y la mayoría murieron allí.

Aragón cedió a las intenciones del Papa en 1317. Sin embargo, en Castilla no fue así, y Fernando IV anexionó a la Corona la mayoría de los bienes templarios, para después redistribuirlos entre la nobleza y las Órdenes Militares autóctonas.

Los objetivos de Felipe IV, desde el punto de vista económico, se vieron cumplidos en 1312 cuando el Papa Clemente V emitió la bula "*Vox in Excelsis*", suprimiendo la Orden del Temple. Por un lado, esta prerrogativa papal emanaba de la inseguridad del mismo al efectuar la abolición de la Orden, pero, por otra parte, intentaba erigirse en portavoz del pueblo cristiano temeroso de los malos actos llevados a cabo por el Temple y decidió hacerlo desaparecer definitivamente. En los primeros párrafos, declaró que "crímenes tan horribles no podían ni debían quedar impunes, sin gran ofensa a Dios Todopoderoso y a todos los católicos", de manera que hacía extensiva la causa a todo el orbe cristiano, en un último intento de hallar una causa razonable que justificase la acción que estaba llevándose a cabo. Sin embargo, y demostrando que su propia persona carecía de la seguridad suficiente para dar credibilidad a todo aquel montaje inducido por la Corona francesa, suprimió la Orden, pero no lo hizo por una sentencia definitiva, sino "por modo de provisión y Ordenanza Apostólica" e indicó claramente que lo ejecutaba "no sin amargura y dolor en el corazón". De esta manera, Clemente V suprimió la legalidad eclesiástica y jurídica a la Orden del Temple "prohibiendo expresamente a cualesquiera que sea entrar de ahí adelante en dicha Orden, recibir o llevar su hábito, ni hacerse reconocer por templario, y quien contraviniere incurrirá *ipso facto* en la sentencia de excomunión". Así, en beneficio de la seguridad económica y política de un Estado, se puso fin a la existencia de una de las instituciones eclesiásticas más destacadas de la Edad Media. Inseguridad económica, decaimiento del poder pontificio, desgajamiento de los ideales de cruzada y auge de la autoridad monárquica fueron un cúmulo de causas, que aunadas en un marco adecuado significaron el final de la "*Militia Christi*".

Clemente V, quien no supo oponerse a los deseos reales franceses, murió un mes después que Molay. Ocho meses después murió Felipe IV a consecuencia de la caída de caballo. El canciller francés, Nogaret, que instruyó y auspició el proceso, tuvo similar fin. Esquieu de Froylan, que inició en la corte aragonesa la cadena de mentiras que sirvió de base al proceso, murió apuñalado. Todos los actores del drama templario cayeron pronto y de forma trágica cerrando así el telón de la Gran Orden de los Caballeros de Cristo.

Cuenta la leyenda que en la misma pira crematoria, Jacques de Molay proclamó su inocencia y la de la Orden, y emplazó ante el "Juicio de Dios" al Papa Clemente V y al Rey Felipe el Hermoso en el plazo de un año. El Papa murió a los cuarenta días y el Rey en ocho meses.

Así lo ficcionalizó Maurice Druon en *El rey de Hierro*, primer tomo de la saga de *Los reyes malditos*: "De pronto, la palabra del Gran Maestre atravesó la cortina de fuego, y como si se dirigiera a todos y a cada uno de los presentes prodújoles el efecto de una bofetada en pleno rostro. Con irresistible fuerza, como lo había hecho en Notre Dame, Jacobo de Molay gritó:

—¡Oprobio, oprobio! ¡Estáis viendo morir a inocentes! ¡Caiga el oprobio sobre vosotros! ¡Dios os juzgará!

Las llamas lo flagelaron, quemaron su barba, calcinaron en un segundo la mitra de papel e iluminaron sus blancos cabellos.

La multitud aterrorizada había enmudecido. Se diría que estaban quemando a un loco profeta.

De su boca en llamas tronó espantosa su voz:

—¡Papa Clemente!... ¡Caballero Guillermo de Nogaret!... ¡Rey Felipe!... ¡Antes de un año yo os emplazo para que comparezcáis ante Dios, para recibir vuestro justo castigo!... ¡Malditos, malditos! ¡Malditos hasta la decimotercera generación de vuestro linaje!

Las llamas penetraron en la boca del Gran Maestre y sofocaron su último grito. Luego, durante un tiempo que pareció interminable, se debatió contra la muerte.

Por fin se dobló en dos. Rompiose la cuerda que lo sujetaba, y Jacobo de Molay se hundió en la fogata, y solo se vio su mano que permanecía alzada entre las llamas. Y así estuvo aquella mano hasta quedar completamente ennegrecida".

Las acusaciones y confesiones

"Sintiendo que sus miembros se desgarraban, que le estallaba el cuerpo, comenzó a gritar que confesaría, sí, todo, cualquier crimen, todos los crímenes del mundo. Sí, los templarios practicaban la sodomía entre ellos; sí, adoraban un ídolo con cabeza de gato; sí, se entregaban a la magia, a la hechicería, al culto del diablo; sí, malversaban los fondos que les habían confiado; sí, había fomentado una conspiración contra el Papa y el Rey... ¿Y qué más, qué más?"

Maurice Druon, *El rey de Hierro*.

Las acusaciones de las que se valieron Nogaret y Guillermo de Paisans y por las que se torturó, y sentenció a los templarios fueron apostasía, blasfemias contra Cristo, ritos obscenos, sodomía e idolatría, renegar de Cristo, Dios, la Virgen, Santos y Santas de Dios en su admisión en la Orden; escupir sobre la Cruz y sobre la imagen de Cristo; adorar a un gato que se les aparecía en sus reuniones; mantener relaciones carnales entre los candidatos a hermanos; adorar ídolos; la absolución de los pecados por parte de laicos... Se acusó al Temple de que en el momento de su recepción, el postulante debía renegar tres veces de Cristo, de Dios padre, de la Virgen, de los santos y santas, y de escupir sobre el crucifijo. Después, totalmente desnudo, recibía el ósculo de la iniciación en la boca, el vientre y el trasero, comprometiéndose a practicar la sodomía cuando le fuese pedido, especialmente en presencia del crucifijo. Por otra parte, siempre según la acusación, los sacerdotes omitían la misa, las palabras de la consagración y enseñaban que Cristo había sido un falso profeta, al que crucificaron, no para redimir a la Humanidad de sus pecados, sino en castigo por los mismos.

Adoraban a un ídolo llamado Baphomet, que a veces se mostraba como un ser con tres caras, otras con cuernos, o bien como un gato. Siempre, al parecer, llevaban consigo un cordel depositado previamente sobre el ídolo. En la sala baja del Temple de París se interrogó a ciento treinta y ocho templarios a los cuales se les aplicaron diversas torturas —que provocaron la muerte de veinticinco de ellos— con las que reconocieron todos los terribles hechos que se les imputaban en la acusación: el haber "escupido sobre la cruz" después de su admisión en la Orden, los "besos impuros", la "sodomía", la adoración del ídolo que en el dolor y la desesperación tomaba formas inverosímiles: una cabeza de mujer de plata dorada, un relicario que contenía las sagradas reliquias de una de las once mil vírgenes...

Unas horas más tarde fueron quemados en la hoguera instalada en la isla pequeña del Sena, entre el convento de los agustinos y el jardín real, siempre protestando de su inocencia. El resultado final fue el buscado por los sicarios del Felipe IV: un número incontable de templarios fue entregado al fuego, suerte que no solo corrió el Gran Maestre Jacques de Molay sino también Hugo de Pairaud, Godofredo de Charnat y Godofredo de Conneville, todos altos cargos del temple. Las acusaciones solo obtenían un testimonio abrumador cuando recurrían a los métodos inquisitoriales.

Solo en Francia se arrancaban las confesiones con las terribles torturas. Según el abate Vertot, "solo se escuchaban gritos de aquellos a quienes se atenazaba, se quebraba o a quienes se desmembraba en la tortura". Bernard de Nadro, a quien se torturó aplicándole fuego en la planta de los pies, mostraba, en un interrogatorio posterior, los huesos de sus talones en la palma de las manos e implorando piedad a los jueces.

En abril de 1310, se reunió el Concilio de Leus. En plena Asamblea siete templarios se presentaron y ofrecieron defender a la Orden. El Papa, que presidía la reunión, los mandó prontamente a prisión. Al día siguiente, mientras los comisarios se ocupaban de reunir testimonios, se les ordenó de parte del rey, que súbitamente quemaran vivos a cincuenta y cuatro templarios. La orden se cumplió en los campos vecinos a Saint-Antoine. Cuando comparecía el primer templario ante la Comisión Almery de Villiers, se arrojó de rodillas, pálido de terror y declaró que al ver a cincuenta y cuatro de sus hermanos arrasados por la hoguera, no podía soportar más esa prueba, y que estaba dispuesto a confesar a los comisarios lo que le exigiesen, aunque fuese "que había matado a Jesucristo...".

Hasta Jacques de Molay confesó sus culpas públicamente, entre promesas de enmienda, y envió una carta a todos los templarios de Francia, el 25 de octubre, declarándose culpable de haber abjurado de Cristo y escupido sobre la cruz, aunque negó el resto de las acusaciones. El pontífice dirigió la bula, el día 10 de agosto de 1308. En el documento manifestaba lo declarado voluntariamente por los templarios, por el Gran Maestre Molay y los comendadores de Francia, Aquitania y Poitiers.

A Clemente V le quedaba decidir la suerte de los jefes de la Orden que llevaban siete años de prisión y el 19 de marzo de 1314, sobre el patíbulo erigido frente a Notre Dame se los hizo comparecer. El Gran Maestre compareció cargado de cadenas ante los ocho jueces, pidió que le concedieran derecho de tener abogados defensores, petición que le fue denegada. Los cardenales solo debían condenarlos a prisión perpetua. Pero los Caballeros del Temple súbitamente se pusieron de pie y hablaron ante el pueblo de París reunidos a sus pies. Se declararon culpables, no de los crímenes que ya les imputaban, sino de la infamia de haber traicionado al Temple por salvar sus propias cabezas, de haber faltado a la verdad durante el proceso por miedo a la muerte y al tormento. Tanto el Maestre —un venerable anciano que en distintas ocasiones había merecido honores del monarca y padrino de un hijo del rey—, como Godofredo de Charnay —comendador de Aquitania, hijo de Roberto II y hermano del Delfín de Auvernia— y Hugo de Peralda, gran Prior de Francia, se sintieron nuevamente Caballeros no quisieron que la Orden desapareciese, de ese modo, envuelta vilmente en acusaciones reunidas en el temor y la estupidez: la Orden era pura y santa y el Maestre del Temple "ponía al cielo de Testigo en el umbral de la muerte". Esto fue considerado como una "recaída" y penado con la hoguera.

Felipe IV consultó con el Consejo ante el relapso de los monjes. Ese mismo día, a la caída del sol fueron quemados en la hoguera. A Charnay se lo ató de espaldas en un mismo palo con el Gran Maestre que pidió a último momento que le dejaran juntar las manos —que llevaba encadenadas a la espalda— para rezar, voluntad que no le fue concedida. Estaban presentes casi todos aquellos que se habían confabulado para obtener su ruina. El pueblo conmovido trató, inútilmente, de salvarlos, pero ya habían fallecido y, por la noche, recogieron las cenizas de los mártires como preciosas reliquias en la Isla de los judíos, frente a la Catedral de París.

En realidad, las acusaciones más fundadas a los templarios eran que, con sus rivalidades con los hospitalarios, habían perturbado la paz del reino de Palestina, que habían pactado con los infieles, que habían atacado a Chipre y Antioquía, destronado a Enrique II, rey de Jerusalén, devastado Grecia y Tracia, rehusado contribuir al rescate de San Luis y se declararon a favor de Aragón contra la casa de Anjou. En la bula de extinción, se expresaba que habían caído en una apostasía detestable contra Jesucristo, en las abominaciones de los idólatras y los sodomitas; se habían degenerado mucho y, para algunos, significaban muy poco las virtudes de los fundadores fieles a los votos de pobreza, castidad y obediencia. Además, sus cuantiosas riquezas los convirtieron en arrogantes, orgullosos e insubordinados al patriarca de Jerusalén y a otros monarcas. Abusaron de los privilegios que se les habían otorgado y despreciaban a los obispos, y solo se guiaban por lo que les era favorable, llegando a hacer alianzas con los infieles.

Misterios y fantasías en torno a los templarios

"El historiador se ocupa no solo de la verdad, se ocupa también de lo imaginado y de lo soñado. Sin embargo, se niega a confundirlos."
Alain Demurger, Auge y caída de los templarios.

Existe la historia del Temple y existe la historia de su leyenda. El surgimiento de los Caballeros del Temple ha sido considerado siempre un misterio, y tampoco se han podido demarcar rotundamente las auténticas motivaciones para que los poderes políticos y religiosos imperantes en la Europa del siglo XII impulsaran la creación de una orden militar y religiosa, que en poco tiempo se convirtió en un inmenso foco de poder, peligroso para los estados y la Iglesia a la vez. Los templarios lucharon a favor del cristianismo, ayudaron y engrosaron los ejércitos procedentes de Europa occidental, crearon sus encomiendas e instituyeron poderosas fortalezas, levantaron iglesias y, en fin, intervinieron en la redacción de leyes, en los pleitos dinásticos, y fueron decisivamente influyentes en la economía de la época.

"Por otra parte, la Orden del Temple es uno de los capítulos de la historia occidental que más morbo y controversia han suscitado a su alrededor. Acusados de prácticas vejatorias, sodomía y herejía, los templarios han constituido una fuente inagotable de mitos y leyendas".[48] Es tan grande la difusión de obras que buscan en la Orden del Temple una dimensión distinta a la meramente histórica, que a veces resulta difícil disociar unas de otras, y así lo manifestaba la historiadora Regine

---

48. Gonzalo Martínez Diez (Quintanar de la Sierra, Burgos, 1924) jesuita y miembro de la Real Academia de Historia, jueves 7 junio de 2001, Europa Press.

Pernoud, en su libro *Los templarios*: "Para el historiador existe un desfase tal entre las fantasías a las que se han entregado sin moderación algunos escritores de historia de todas las tendencias y los documentos auténticos y los materiales certeros que nuestros archivos y bibliotecas guardan en abundancia, que sería difícil creer en ellos si esta contradicción no se manifestara de forma tan visible y evidente".[49]

Pero, con el paso del tiempo, comenzaron investigaciones que condujeron a desatar distintas leyendas, entre ellas la que establecía que la orden fue creada con la meta y consecución de fines secretos e iniciáticos. Estos objetivos serían el descubrimiento de grandes verdades esotérico-místicas, que los poderes oficiales se encargaron de silenciar durante muchos siglos y que paulatinamente fueron saliendo a la luz. Louis Charpentier[50] los fue desvelando en sus escritos. Por otra parte, se afirmaba que el trabajo templario se utilizó disimuladamente para la creación y desarrollo de un imperio universal sinárquico, basado en teorías trascendentalistas y espirituales de primer orden cuyo estudio y práctica cambiaría al iniciado, proyectándolo hacia un nuevo estadio de elevación espiritual.

Cuando se hablaba de la inmensa riqueza de los templarios, del tesoro que cuidaban, los historiadores no se ponían de acuerdo y por ello el misterio se acrecentaba. El arca de la Alianza, el Santo Grial, el Santo Sudario... la historia de estos elementos, caros al cristianismo, han promovido una abundante literatura acorde.

Según Mestre Godes, siempre habría personas dispuestas a creer en hechos y acontecimientos no demostrados, pero el entorno de los templarios "ha sido una materia sensible para desarrollar toda una serie de suposiciones increíbles; desde el mismo inicio del proceso, Felipe el Hermoso y Guillermo de Nogaret demostraron tener un grado muy elevado de imaginación".

49. Pernoud, R. *Les Templiers*, Vendome, 1977.
50. Charpentier, Louis; *Los misterios templarios*, Barcelona, Apóstrofe, 1995.

A continuación se presentaba una selección —siempre incompleta— de relaciones de las actividades templarias mantenidas en secreto.

El sello templario

Con relación al famoso sello empleado por los templarios (ver "El origen"), algunas teorías sostenían que señalaría la relación entre ellos y las enseñanzas ocultistas y esotéricas, pues relacionaban la palabra "cábala" con "caballo" o "caballería", argumentando que poseían la misma raíz original y que confirmaría su obsesión por la dualidad: la cantidad de hermanos que podían salir, que combatían mano a mano, que ocupaban una habitación, que comían de la misma escudilla y que, además, sería una clave para iniciados. Asimismo, destacaban la frecuencia de los números cabalísticos en el Temple como, por ejemplo, los nueve caballeros en los primeros nueve años.

Así, por ejemplo, el escudo del Temple representaba a dos caballeros compartiendo la grupa de un caballo, como signo de pobreza en la única senda verdadera, sin embargo, esto hizo nacer —en las mentalidades de aquellos tiempos— la suspicacia de que tal representación era el símbolo de la sodomía practicada y de la que se los acusó.

El Arca de la Alianza y la arquitectura templaria

Los fundadores del Temple, durante su estancia en las ruinas del Templo de Salomón, habrían descubierto un importante secreto en los textos hebreos encontrados después de la toma de Jerusalén en 1099. Se decía que los iniciales templarios encontraron el Arca de la Alianza en las caballerizas del destruido templo, y que, posteriormente, la llevaron a Francia en secreto, donde permaneció en lugar desconocido fuera del alcance de la humanidad.

Por el *Libro del Éxodo* se sabe que el arca era un cofre de madera de acacia, revestido de oro interior y exteriormente.

Sus dimensiones eran 1,35 metros de largo por 80 centímetros de alto y ancho, con cuatro querubines cuyas alas se tocaban para formar el trono de Dios. Era tan sagrada que el solo tocarla provocaba la muerte repentina. Más importante que el Arca en sí, fue su contenido: un recipiente con el maná, la vara de Aarón y sobre todo, las Tablas de la Ley, grabadas en piedra. Estas eran sumamente valiosas como fuente de saber y de poder, y procedían de Dios: eran la ley divina. En ellas se hallaban inscritas las tablas del Testimonio, la ecuación cósmica, la ley del número, medida y peso que la cábala permitiría descifrar. Poseerlas significaba tener posibilidad de acceso al conocimiento de la Ley que regía los mundos.

Este posible descubrimiento les permitió acceder a determinados patrones y medidas de carácter ancestral y sagrado que ya se habían utilizado en el famoso e intrigante Templo, lo que determinó, posteriormente, idear cánones de construcción a los que luego respondería el arte gótico con su máxima culminación: la Catedral de Chartres.

La arquitectura templaria nunca fue librada al azar. Sin embargo, no hay una explicación sustentable en cuanto a la persistencia en la construcción de edificios octogonales. Acaso la síntesis entre el cuadrado, lo terreno, y el círculo, lo celestial, acaso un recuerdo nostálgico de su primitiva morada, el Templo de Salomón de Jerusalén o de los santuarios musulmanes, el empleo sistemático de la simbología cabalística del número ocho...

En el sur de Francia, cerca de Niza, sobre una montaña, en una zona próxima a la ocupada por los cátaros, se ha encontrado una pirámide a escala (1/32), réplica exacta de la de Cheops. La pirámide recibió el nombre de pirámide de Falicon. Fue construida alrededor de 1260 por los caballeros templarios derrotados en la cruzada en que San Luis fue hecho prisionero en Damieta y el Temple pagó su rescate. No se sabe cuál era el significado y el destino de dicha construcción ni obtuvieron los datos para su exacta reproducción.

A partir de 1130, en Europa irrumpió el estilo gótico. El gótico no era una evolución del románico, surgió de golpe, completo y total. Apareció después de la primera cruzada y especialmente tras el retorno de los caballeros templarios con su secreto concerniente a la utilización sagrada de la arquitectura (ver "La arquitectura templaria").

Las Piedras de la Ley contenían la misma clave numérica que fue utilizada en la construcción de la Gran Pirámide y del Templo de Salomón. No hacía falta recordar que vino de Egipto. Toda la cultura egipcia estaba concentrada en los sacerdotes y Moisés era uno de ellos, por ello fue instruido en toda la ciencia de los faraones. En la Europa medieval, y durante aproximadamente ciento cincuenta años, la aplicación de este conocimiento arquitectónico se manifestaría en la construcción de las grandes catedrales: una de ellas, Chartres —de estilo gótico y de origen, evidentemente, templario—, muy cerca de París, donde se encontraba una nueva referencia al Arca de la Alianza.

El pórtico norte de dicho edificio se llamaba "pórtico de los iniciados". En él se hallaban dos columnas esculpidas. En una de ellas se observaba un arca que era transportada por una carreta de bueyes y en la otra se podía ver cómo un hombre cubría el arca con un velo, rodeado por un montón de cadáveres entre los que se destacaba un caballero en cota de malla. Las dos columnas, justo debajo de las representaciones, conformaban una controvertida leyenda *"Hic amititur Archa cederis"*, porque la expresión tal y como está grabada no existía en latín pero el único texto plausible sería *"Hic amittitur Archa foederis"* que se traducía como *"en este lugar se oculta el arca de la alianza"*.

Aparte de la catedral francesa, merecía un puesto de honor la abadía de Rosslyn, en Escocia, cercana a Edimburgo. Después de la disolución de la Orden del Temple, entre 1307 y 1314, muchos de los supervivientes se trasladaron a Escocia, y Rosslyn fue el último reducto templario. Algunos eminentes investigadores sospechan que podría ser el emplazamiento definitivo del Arca de la Alianza que los templarios habrían llevado y escondido allí, junto con otros tesoros, nunca hallados (ver "Cuarta Parte").

El descubrimiento de América

La Rochelle, luego capital de los hugonotes, poseía un puerto sobre el Atlántico de interés muy especial para el temple, puesto de manifiesto por la concentración de la flota de ultramar y por el enorme desarrollo de caminos que partían de esa ciudad, no justificados para la época porque la zona no era más que una villa sin importancia. Cuando se analiza el desempeño que tuvo ese puerto en el tráfico marítimo templario, aparece un contrasentido: las rutas templarias siempre iban dirigidas a Tierra Santa y, por lo tanto, los puertos mediterráneos eran los idóneos. Está comprobado que hubo una cantidad importante de encomiendas en los alrededores del puerto para protegerlo.

En apariencia, fue el puerto de salida de la flota hacia América en busca de metales y piedras preciosas con los que obtuvo fondos para su engrandecimiento. Otra teoría afirmaba que los bienes de los templarios consistían en la plata que habían descubierto en América, particularmente en las minas de ese metal en México. Otros seguidores de dicha hipótesis aclararon que Moctezuma ya le había dicho a Hernán Cortés que él descendía de un gran señor que había regresado a su país y que aún se esperaba su retorno. El gran señor "era blanco, barbudo, que vestía armadura y montaba un caballo". Evidentemente: un templario. Un cronista indígena de Chalco afirmaba que los que llegaron "antes" eran "extranjeros, hombres de Dios y militares", la imagen perfecta del monje-guerrero. Se hacían llamar Tecpantlaques, o sea, "hombres de Techan" y como Techan significaba "palacio", se podía entender que templo y palacio fueran lo mismo. Hay cruces en México, Colombia, Bolivia y Perú: todas dejadas por los templarios. Así, comenzaron a aparecer más indicios de la estancia de los Caballeros de Cristo en América: parece que la recorrieron desde el Canadá hasta el estuario del Plata. Lo más significativo de todo es que cuando Colón inició su primer viaje llevaba en el velamen de sus carabelas la cruz roja del Temple, tal vez para hacerse reconocer cuando llegaran...

Los testimonios de la acusación

Según los testimonios emanados de los interrogatorios inquisitoriales, los templarios escupían sobre la cruz, la pisaban y se orinaban en ella. Sobre ello, algunos estudiosos afirman que ello se debió a que durante su estancia en Tierra Santa habían descubierto unos documentos sobre la doble personalidad de Jesús: el santo y el guerrero. El hombre que murió en la cruz —cuya inscripción, "Rey de los Judíos", es claramente indicativa— no era el santo, sino el guerrero, martirizado por haber querido ser proclamado rey. Si se analizan los Evangelios, Cristo aspiraba ser rey, como se confirma en Lucas 19:27. Charpentier[51] (...) llega a creer que todos los actos, aparentemente sin sentido, del ingreso de los postulantes en la orden se inscriben dentro del deseo de vituperar la crucifixión del hombre-rey, manteniendo en otro nivel al hombre-Dios. En los evangelios apócrifos, singularmente en el de Felipe, se habla mucho de las relaciones de Jesús con María Magdalena (ver "Cuarta Parte"). Para los templarios, esta relación también explicaba la otra personalidad de Jesús.

Según algunos expertos, entre los nuevos ritos de iniciación que debía ejecutar el novato, existía uno que, sin que se conociera su simbolismo, fácil podía considerarse sacrílego. Partiendo sobre la base de que el Temple se apartó de la Iglesia y de todo cuanto representaba, veneraba y fomentaba, empezaron a renegar y rechazar los símbolos que eran los estandartes y símbolos de la Iglesia, para reemplazarlos por los suyos propios, y para ello, durante la ceremonia de investidura de Caballero, este debía pisar un crucifijo, pese a que los templarios veneraban y creían en Jesucristo, lo rechazaban y pisoteaban por lo que su imagen significaba perteneciente a la Iglesia, digno de mortal.

En cuanto a la sodomía, la homosexualidad en la orden, se creía que no era una cosa generalizada pero que, debido al contacto que muchos caballeros tuvieron con las formas de vida orientales, donde la homosexualidad era algo común, algunos de ellos se habrían pervertido ocasionalmente.

"Casos particulares habría de prácticas sexuales: explicó el autor a *Europa Press*: porque en otras épocas, con el concubinato en el clero secular había una cierta tolerancia, y en algunos

---

51. Ídem supra.

ambientes estaba generalizada esta práctica, además, teniendo en cuenta que vivían aislados y en comunidad, nadie puede negar que casos singulares existían. Incluso, hoy día, para evitar estas cosas, quizá fuera conveniente que se casaran algunos sacerdotes"[52].

Según Piers Read, la ausencia de mujeres, la influencia de Oriente, todo contribuyó a que la sodomía se instalara profundamente en las costumbres del temple. La homosexualidad siempre está presente en las instituciones exclusivamente masculinas. Por ello no puede dudarse de que la misma no era desconocida en la sociedad medieval. Que se registró sodomía entre los templarios también queda demostrado por el caso citado en el "Detalle de las penitencias" de su Regla. No obstante, es significativo que el hecho fuera tan ofensivo que el Maestre y un grupo de hombres dignos de la casa decidieran no llevarlo ante el Capítulo, y la misma repugnancia se encuentra en la disposición de muchos templarios, entre ellos Jacques de Molay, para confesar casi cualquier cosa excepto la sodomía.

Pero esto conduce al análisis de los famosos puntos de los besos: al final de la espina dorsal, en el ombligo y en la boca. Estos besos tenían un sentido simbólico: el que se daba en los labios podría simbolizar la transmisión del aliento espiritual; el que se daba en el ombligo —a veces se habla del pene— se hacía para comunicar la fuerza creadora, el impulso vital; en cuanto al tercero, en el ano, este es el punto de salida de las energía que los místicos orientales llaman *kundalini*, una energía que pasaba sutilmente a través del cuerpo. Lo que ocurrió, se dice, era que con el tiempo quedó solo la práctica y a los postulantes no se les explicaba la mística.

La relación con los cátaros

Lucien Carnal[53] ha descubierto un signo gnóstico renano en los sellos de los templarios. A partir de aquí relacionaba el gnosticismo cátaro con la implantación de las encomiendas

---

52. Gonzalo Martínez Diez (Quintanar de la Sierra, Burgos, 1924), jesuita y miembro de la Real Academia de Historia, jueves 7 junio 2001 Europa Press.
53. Citado por Jesús Mestre Godes en "Los templarios".

templarias en el Languedoc, donde había una presencia cátara importante. Los cátaros no creían en las imágenes, tenían una concepción dualista del Bien y del Mal, no aceptaban la naturaleza divina de Jesucristo, y rechazaban el mundo por ser creación del Maligno y los templarios escupían sobre la imagen de Cristo: ello le inducía a pensar que los templarios eran, simplemente, cátaros. Dom Gerard[54] creía que en Temple siempre se protegió a los cátaros y que, muchos de ellos, perseguidos por la Inquisición, hallaron refugio en las casas de los templarios: "Unos y otros estaban muy próximos". Se llevaron especialmente bien con los herejes hasta el punto de que en las tareas administrativas de la Orden ocupaban más cátaros que seguidores de Roma. Fueron declarados herejes en el Concilio de Tours de 1163, perseguidos por una cruzada convocada contra ellos por Inocencio III y exterminados tras una larga campaña que arrasó en 1243 su último refugio, el castillo de Montsegur. De todas maneras hay algo que hace dudar a estos investigadores: si los cátaros verdaderos habían reinvidicado su credo antes de ser quemados, por qué motivos no lo hicieron los templarios franceses... Concluyen que había una gran simpatía entre unos y otros, y quizás algún contagio, pero probablemente nada más que esto... Sin embargo, hubo cátaros manifiestos que se hicieron Caballeros del Temple: Pedro de Fenollet, cátaro del Rosellón, ingresó en la encomienda de Mas Déu, así como Pons Vernet, también del Rosellón.

Lo que los relaciona más al catarismo es la búsqueda del Santo Grial (ver "El Santo Grial"). La leyenda dice que el cáliz estuvo en manos de los cátaros, al menos durante cierto tiempo. Se guardaba en Montsegur y fue salvado del asedio a última hora junto con el tesoro de la secta. Lo escondieron en una grupa de Monrealp de Sos, en la Ariéja; muy cerca de la encomienda templaria de Capoulet-Junac. En el *Parsifal*, Wolfram von Eschenbach hacía de los templarios los guardianes del Grial. Parecía que el mismo Eschenbach era un templario de Suabia. En las diversas narraciones medievales se

---

54. Ídem supra.

explicaba cómo José de Arimatea entregaba el Grial a un caballero para que lo custodiara, este caballero siempre iba vestido "con una túnica blanca que llevaba como único distintivo una cruz roja". Guillermo de Sonnac, Maestre del Temple en 1247 —tres años después de la caída de Montsegur— hizo enviar a Enrique III de Inglaterra un misterioso paquete que se supo que contenía un vaso precioso.

La confraternización

Una de las acusaciones más difundidas durante los interrogatorios fue que los templarios confraternizaban con los infieles. Por sus votos, ellos sabían que debían permanecer toda su vida en Tierra Santa y que, por lo tanto, tendrían que establecer relaciones diplomáticas, e incluso amistosas. Algunos de ellos estudiaron árabe, tuvieron auxiliares musulmanes —los llamados tucopoles— y fueron lo suficientemente inteligentes como para reconocer el avance científico de los árabes. En los textos de los cronistas, muchas veces se hallaba escrito "*los templarios, nuestros amigos...*". El proceder de estos podría resumirse en la tolerancia con los enemigos, pero no significaba la conversión a otro credo. Sin embargo, desde Occidente no se veía así: simplemente, no se entendía. La gente se escandalizaba al saber que el Maestre Guillermo de Sonnac había pactado la paz con el sultán de Egipto "y se habían sangrado al mismo tiempo y mezclado sus sangres en un plato". Por otra parte, también se han querido ver relaciones estrechas entre el Temple y la secta de los "asesinos", unas relaciones confusas de ayuda por parte de los templarios a estos infieles. Así se los ha llegado a implicar en una conjura cristiana, la de la muerte de Conrado de Monferrant, asesinado por la secta, para favorecer a su contrincante, Guido de Lusignan, defendido por los templarios. Se hablaba también de unos tributos que la secta les habría pagado.

También los Caballeros del Temple fueron muy amigos de los drusos, un pueblo con una regla secreta, que adoraba un ternero. Este culto se ha atribuido asimismo a los templarios. El ternero, en realidad, estaba esculpido en una piedra que los drusos llevaban por todas partes. Tiempo después, la misma figura se esculpió en diversas piedras como signo de reconocimiento de su religión. Según se afirmaba en la época, los templarios también las habrían llevado en su bolsa como muestra significativa de que habían sido contaminados por las religiones orientales. Y se decía que los que fueron quemados aún llevaban las piedras consigo...

La adoración del ídolo

Los templarios dejaron la huella de su recorrido en la piedra; se contaba con muy pocos escritos en los que quisiesen hablar sobre sus conocimientos simbólicos. Por el contrario, la regla y sus normas, así como los escritos interdisciplinarios eran manuscritos. Sus edificios octogonales, los *lignum crucis*, laberintos, jeroglíficos, cruces, la *tau templaria*, vírgenes negras, las cabezas relicario, los *bafomet*, figuras parecidas a los *terafim* del Arca de la Alianza, misteriosas cabezas barbudas, figuras andróginas rodeadas de signos estelares con inscripciones gnósticas y arabescas, eran casi la imagen pantacular de los templarios.

Parece que la veneración inicial al Santo Grial y a la dualidad gnóstica que ello representaba degeneró en el nacimiento de un símbolo bivalente, bisexual, que en la doctrina gnóstica y hermética representaba las dos tendencias del mundo que los templarios querían hermanar. Para sus enemigos ello era sacrílego y se interpretó en aquella época como la representación de su herejía y desviación. El ídolo en cuestión se llamaba Baphomet, Bafometo, Bafeto, y otros nombres similares, que en hebreo significaba sabiduría[55], era un dios pagano de la fertilidad asociado a la fuerza creativa de la reproducción. La cabeza estaba representada por un carnero o un cabra, un símbolo frecuente de procreación y fecundidad. Se afirmaba que lo veneraban situándose alrededor de una réplica en piedra de su cabeza y recitando oraciones.

---

55. Según otros estudios, la palabra que los designa Baphomet es una deformación de *Mahomet*, Mahoma, que en portugués se pronuncia Mafuma. Entonces se utilizaba indistintamente Mahomeria, Mafumeria, Bafumeria.

El famoso ídolo, que todos describen a su manera, poseía poderes misteriosos. Parece ser que un tal Julián, señor de Sidón, lo llevó cuando ingresó en la orden. Pero tuvo un triste final: apostató, lo expulsaron y murió en la miseria. A pesar de esto, la Orden conservó la cabeza que había traído. Se explicaban muchas historias sobre ella: una vez la llevaron, bien envuelta, en un barco pero alguien tuvo curiosidad por saber qué guardaba aquel paquete y cuando lo abrió se desató una tempestad sobre la nave, que fue tragada por las aguas junto con todo el equipaje. Como consecuencia, durante años no se pudo pescar nada en la zona del naufragio. Los poderes de esta cabeza, del ídolo, estaban relacionados con fuerzas demoníacas y todo indujo a pensar que los templarios practicaron cultos de este tipo. La comprensión de este hecho requería retrotraerse históricamente: los monjes caballeros se instalaron en el templo de Salomón, en Jerusalén, ciudad construida sobre el monte Sión. Etimológicamente, Sión y Saphon son la misma palabra, que en hebreo tiene dos significados: "norte" y "montaña sagrada de Canaán" y, según la mitología, era el verdadero centro del mundo y estaba consagrado a Baal. Por lo tanto, el templo de Salomón era una puerta de comunicación tanto con el cielo como con el mundo infernal. Los templarios, continuadores del templo, según Alain Marcillac[56], mientras se dedicaban por todas partes a la manifestación de Dios, "habrían sido, al menos simbólicamente, los guardianes del diablo, para permitir a la humanidad alzarse hacia las cimas de la vida espiritual".

No directamente relacionadas con el famoso ídolo, pero sí con las cabezas talladas, teníamos las esculturas y pinturas de las capillas edificadas por los templarios. Se ha realizado un estudio de una serie de templos construidos en las encomiendas templarias y se ha observado que todos están dedicadas a santos que murieron decapitados. Muchos de ellos están dedicados a San Juan el Bautista; a San Sebastián, que después de ser asaeteado fue decapitado; a San Bartolomé quien fue despellejado vivo y decapitado. En la capilla de San Adrián, cerca de Baud, en Morbidan,

---

56. Ídem Alain Marcillac.

hay una cruz con una guirnalda hecha de cabezas cortadas. También dedicaron muchas capillas a San Mauricio, jefe de una legión romana que contaba con numerosos cristianos entre sus soldados. El emperador les ordenó que se deshicieran de los signos que los identificaban y, como no lo obedecieron, los castigó: uno de cada diez murió decapitado, empezando por San Mauricio. En el departamento de Saone-et-Loire se hallaba la encomienda de santa Catalina: todos los candiles tenían cabezas humanas como base. En la capilla de la encomienda de Coulommiers y en la capilla de Vuillecin había imágenes de San Jorge con todos los suplicios que le infligieron antes de cortarle la cabeza. Se observaba una especie de obsesión de los templarios ante las cabezas. En esa época una de las muertes más comunes a manos de los sarracenos, en especial para los templarios caídos prisioneros, era la decapitación. Tal vez, uno de los motivos para tal rareza.

La sucesión templaria

Con el proceso llegó la supresión de la orden del Temple, pero hasta nuestros días han ido apareciendo "sucesores". La curia romana elaboró en 1981 una lista con todas las asociaciones o grupos que se definían como seguidores o sucesores del Templo y halló cuatrocientos. Hay entre ellos, grupos fraternos, que se amparaban en la magia del nombre de los templarios para llevar a cabo acciones benéficas o de solidaridad. Existían, pues, según cita Mestre Godes, los caballeros de la alianza templaria que luchaban contra la droga; los de la Orden de los Caballeros del Santo Templo, que perseguían una finalidad moral. Otros grupos, como la Fraternidad Juanista para el resurgir del Temple o la Orden de los caballeros del Temple y de la Virgen María, se dedicaban a la inefable tarea de la alquimia. Otra, con cierta implantación en España, era la Orden del Templo Cósmico. El Movimiento Grial también se consideraba un grupo neotemplario. Y una secta tristemente célebre: la Orden del Templo Solar.

A la suspensión de la Orden, se produjo un reagrupamiento de los templarios en dos niveles: aquellos cuya actividad se vinculaba a otras órdenes militares, y aquellos que intentaban mantener la estructura original en la clandestinidad. Lo que permitió la supervivencia de la Orden del Temple hasta hoy.

Vale la pena examinar a quienes, en un momento dado, desenterraron el nombre de los templarios. Napoleón, en el año 1808, autorizó a un médico callista, Bernard Fabré-Palaprat a organizar una ceremonia en memoria de Jacques de Molay. Antes, sin embargo, parecía que le había "demostrado" que se podía considerar el heredero de los templarios porque había exhibido ante el emperador una carta de transmisión de 1324 entregada a Juan M. Larmenius, Maestre de la Orden "a la sombra". Esta carta había ido pasando de mano en mano por todos los maestres clandestinos, que la habían firmado, hasta llegar al "nuevo Maestre": Fabré-Palaprat. La lista era impresionante: grandes nobles, príncipes reales, etc.

Había otra versión que indicaba que esta lista fue confeccionada en pleno siglo XVIII por un jesuita, por encargo de Felipe de Orleáns. Según una indicación de un cronista de la época, en 1762 "el duque de Orleáns fue elegido Maestre de los templarios, que se habían reunido en 1705 en Versalles". Por lo que entonces Fabré actuaba de buena fe: la carta cayó en sus manos y se disponía a explotarla. La "nueva" orden "fundada" por él tuvo éxito, se extendió por todas partes y abrió logias en Londres, Roma, Nápoles, Hamburgo, Lisboa, etc.

Según la "Doctrina del Templarismo", antes de morir, Jacques de Molay logró transmitir sus poderes y secretos a un caballero llamado John Mark Larmeniers. A partir de entonces, el cargo Gran Maestre nunca ha estado vacante. De 1760 en adelante, ciertas logias alemanas, en desacuerdo con el nacionalismo e igualitarismo de la masonería primitiva, introdujeron en ella grados, jerarquía, subordinación y secretos. Para justificarse, apelaron a la historia y unieron los orígenes de la masonería con el Temple y, de esa forma, surgió la doctrina templaria.

Hubo otro sucesor, este por voluntad propia de Jacques de Molay: el conde Francisco de Beaujeu, que era descendiente del Maestre Guillermo de Beaujeu. Según parece fue llamado por Molay días antes de su muerte el cual le explicó los secretos del Temple y le ordenó que, a su muerte, lo hiciera revivir. También le dijo que las dos columnas que había en la entrada del panteón de los maestres en el *Vieux Temple* estaban vacías y que, si desmontaba los capiteles, obtendría la colosal fortuna de los templarios. Pasado cierto tiempo, y con la excusa de llevarse los restos mortales de su tío Guillermo, enterrado en el panteón, Francisco pidió permiso al rey y, junto con ocho caballeros que habían podido escaparse, llevó a cabo las operaciones indicadas para hacerse con el tesoro del Temple. Con el botín en sus manos, partió hacia Chipre, donde reinstauró la orden, pero con nuevos ritos. Después de la muerte del conde, uno de los caballeros, Aumont, se quedó al mando y se marchó a Escocia. Así, en el año 1361 hallamos la orden establecida en Aberdeen. Gracias a la masonería se iría extendiendo por toda Europa. En el siglo XVIII, Andrew-Mitchell Ramsay le dio un nuevo empuje y estableció de manera abierta, en el convento de Clermont, los grados de "masones-templarios". Pero Ramsay fue más lejos: según él, los cruzados fundaron en Tierra Santa la masonería integrada por los templarios. En su *Discurso*, considerado aún hoy día la Biblia masona, explicaba: "Los cruzados, en Tierra Santa, quisieron reunir en una sola confraternidad a los hombres de todas las naciones... ellos no solo fueron los arquitectos que quisieron consagrar sus talentos y bienes a la construcción de templos externos, sino también quienes edificaron y protegieron el Templo del Más-Alto"[57]. Mientras tanto, en la misma época, el barón d´Hund se había hecho designar Maestre de los templarios por Carlos-Eduardo Stuart y volvió a las formas de estricta observancia templaria. Actualmente, dentro de la organización de la masonería, aún hay ciertas logias suyas con el nombre del ritual escocés rectificado. La pretensión de la masonería de legitimarse como la heredera de los templarios hallaba su fundamento en esta historia confusa iniciada por Francisco de Beaujeu.

Muchos otros caminos confluyeron en Escocia: gran parte de los templarios huyó por mar llevándose el tesoro del Templo. Los barcos en que iban costearon Irlanda y acabaron desembarcando en tierras del condado escocés de Argyll. En estos

---

57. Citado por Mestre Godes en *Los templarios*.

parajes, precisamente en Kilmartin, se han hallado tumbas que se relacionaban con los templarios exiliados. Se suponía que habrían vivido en comunidad según su regla y habrían apoyado, gracias a su influencia personal y su fortaleza económica, a Robert de Bruce y a los que hicieron posible la independencia de Escocia.

Una rama de la masonería escocesa —que muchos querían ver relacionada con el Temple— era la hermandad de los Rosacruces, que según parecía fue creada en Alemania en el siglo XV por Christian Rosenkreuz. En el siglo XVII ya se los encontraba en París, Viena, los Países Bajos e Inglaterra. Siempre se conservaba un aire secreto y misterioso en estas diversas sociedades "hereditarias", que han llegado hasta la actualidad.

Los tesoros templarios

Las leyendas e historias que rodeaban a los tesoros de los Caballeros del Temple parecían no tener fin. Una de ellas, relacionada con lo que se llevó Francisco de Beaujeu del *Vieux Temple*, estaba apasionando a un gran número de franceses —afirma Mestre Godes— y se desarrollaba en un castillo de Arginy, cerca de Charentay, en el Beaujolais. Se creía que el tesoro, o una buena parte de él, fue depositado allí por el propio Francisco. Según otras indagaciones, dos frailes del Temple parisino se escaparon antes de que los encarcelaran con otra parte de la fortuna y también la ocultaron en el mismo lugar. Esta fortaleza perteneció a diversas familias, hasta que en 1883 la adquirieron los Rosemont. Se decía que muchos personajes, en representación de "sociedades secretas", intentaron comprar vanamente el castillo por sumas inverosímiles. Todos buscaban el tesoro del Temple. Pedro de Rosemnot empezó a hacer excavaciones, pero finalmente detuvo sus indagaciones por miedo, tal vez justificado. Hizo tapiar el subterráneo y prohibió a sus familiares que hablaran sobre ello. Más tarde, en 1922, uno de sus hijos realzó más fosas, pero solo halló documentación relativa a la Revolución Francesa. Treinta años después, un experto en alquimia y un especialista en ocultismo se reunieron en Arginy para encontrar el famoso e inaccesible tesoro. Rápidamente acudió más gente y se unieron todos con el nombre de la Orden del Templo Solar[58]. Concentraron sus trabajos en una de las torres —la de las Ocho Beatitudes— que aún se mantenía en pie, pero con una nueva idea: la búsqueda de la piedra filosofal en la que, según ellos, se habría gastado el tesoro del Temple. Jacques Breyer, el ocultista, se puso en contacto con el "espíritu de los templarios" y mantuvo con él conversaciones curiosas, pero no logró indicación alguna de dónde se encontraba la piedra. Desengañados de este sistema, optaron por la alternativa de Rosemont: hacer excavaciones. Pero tampoco hallaron nada, de manera que, desanimados y sin recursos, abandonaron la exploración. Más tarde, la señora Gabrielle Carmi tuvo un sueño relacionado con los templarios y Arginy. Cuando fue a visitar el castillo se halló ante el paraje que había soñado... pero nada más. El misterio continuó...

Aquellos franceses que no se dejaron apasionar por la historia de Arginy, lo hicieron por el caso de Gisors. Aquí, nuevamente, Mestre Godes relataba que en Gisors, en el Eure, cerca de París, había también un castillo. En el año 1929 el ayuntamiento nombró como jardinero del castillo a Roger Lhomoy, un joven de 25 años, que con el tiempo y quizá debido a su trabajo, acabó creyendo que bajo el castillo había un tesoro, y luego de muchos años, en 1944, se decidió a excavar. Lo hacía de noche, para que nadie se enterara. Al cabo de dos años encontró que, al final de un largo corredor que había excavado a veintiún metros de profundidad, había un muro. Empezó a retirar las piedras, asomó la cabeza por el agujero y ante su sorpresa, encontró una capilla. Gérard Sède, que tiempo después fue quien divulgó este caso, obtuvo de Lhomoy la siguiente explicación: "Me encontré en una capilla románica, de 30 metros de largo por 9 de ancho y unos 4,5 de altura en la bóveda. Divisé un altar, con tabernáculo, y en los muros las estatuas de Cristo y los doce apóstoles de tamaño natural... diecinueve sarcófagos a lo largo de los muros... y lo que iluminó y vi en la nave era increíble:

---

58. No se debe confundir con la secta suicida del mismo nombre, implantada en Suiza.

treinta cofres de metal precioso dispuestos en columnas de diez... más que cofres eran armarios...". Ante tal espectáculo, Lhomoy consideró que no podía seguir actuando a la sombra y decidió comunicar su hallazgo al ayuntamiento. Las autoridades no le dieron crédito y nadie quiso bajar a comprobar lo que decía. Sin embargo, la noticia corrió por el pueblo y al cabo de poco tiempo, Lhomoy volvió a presentarse en la alcaldía a pedir ayuda para realizar las excavaciones correctas y llegar con seguridad a la capilla. Esta vez no solo no le hicieron caso, sino que le impidieron seguir con sus trabajos y al día siguiente cubrieron de tierra el túnel excavado por el investigador-jardinero que se fue a París, donde consiguió una autorización para reanudar las excavaciones, pero el alcalde de Gisors le dijo que al menor indicio de querer reiniciar los trabajos lo encarcelaría.

Lhomoy se fue a vivir a Versalles y en 1953 encontró gente que lo apoyaba. Obtuvo una nueva autorización ministerial y volvió. Esta vez el ayuntamiento no lo intimidó, pero le exigió un depósito de un millón de francos y puso como condición que el 80 por ciento de lo que hallara fuera para la ciudad. Desanimados, Lhomoy y sus seguidores se marcharon. Más tarde se encontró con el periodista Gerard Sède y se lo explicó todo. Este relacionó los hechos con el tesoro de los templarios por una serie de implicaciones del castillo con la orden y escribió un libro: *Los templarios están entre nosotros*, que despertó el interés de la opinión pública. Roger Lhomoy fue invitado a aparecer en televisión y se desató la polémica. Las autoridades arqueológicas dijeron que era todo un montaje, que en Gisors no había ninguna cripta y que el jardinero era un enfermo mental. André Malraux, ministro de Cultura en 1962, ante las presiones públicas, se vio obligado a realizar excavaciones: no halló nada y decidió llamar a Lhomoy, que estaba desesperado porque solo faltaban un par de metros para llegar a la cripta. Nuevamente, hubo que esperar dos años, hasta 1964 para reanudar las tareas. Finalmente, Mestre Godes nos informó que no se sabe si la encontraron, pero aquel mismo año la zona fue declarada militar y severamente controlada. Sin embargo, la imaginación, el misterio y el deleite de lo secreto y su relación con el tesoro enterrado siguen intactos...

Tercera parte:
El enigma de los esenios

Los antecedentes históricos

Los israelitas, antepasados del pueblo judío, se establecieron en Canaán, el país de la Biblia, probablemente en el siglo XII a.c. Sin ser tan poderoso como Mesopotamia y Egipto, el antiguo reino de Israel ha tenido una importancia perdurable en la historia del mundo. A diferencia de sus vecinos, los israelitas tenían un solo dios, Yahvé. Su religión ejercería gran influencia tanto en el cristianismo como en el Islam.

La historia y los mitos fundacionales del pueblo judío se recogían en la Biblia, que situaba sus orígenes en Mesopotamia y describía sus antiguas andanzas por el Creciente Fértil. Según contaba la Biblia, los israelitas sufrieron un largo período de cautividad en Egipto, de donde fueron sacados por Moisés para cruzar a continuación el desierto del Sinaí y entrar en la "tierra prometida". Con la dirección de Josué, su jefe militar, conquistaron a la mayoría de los pueblos naturales de Canaán.

Los israelitas estaban organizados en unidades tribales gobernadas por caudillos, llamados "jueces". Eran enemigos de los filisteos, pueblo belicoso que vivía junto a Gaza, en la llanura costera meridional, y decidieron oponerse a ellos agrupándose un único dirigente. Escogieron como rey a Saúl. Su sucesor, David (1006-965 a.C.), derrotó a los filisteos y a otros estados vecinos, como Moab y Edom, que pasaron a ser estados vasallos de Israel. La última plaza fuerte cananea conquistada fue Jerusalén, que se convirtió en la capital de David.

Había pruebas arqueológicas que apoyaban el relato de la conquista de Canaán y la fundación del reino de Saúl. En cuanto a los éxitos militares de David, pudieron suceder, en parte, por el hecho de que por entonces Egipto y Mesopotamia tenían sus propios problemas que les impidieron detenerle.

A David le sucedió su hijo Salomón (965-968 a.C.). Su reinado fue pacífico y pudo centrar su actividad en pródigos proyectos de construcción. El más importante fue la edificación de un templo en Jerusalén para albergar el Arca de la Alianza, las leyes sagradas entregadas a Moisés por Yahvé en el monte Sinaí. E altísimo costo de las construcciones de Salomón lo hizo poco querido por su pueblo. Fue criticado por otorgar tierras a la ciudad fenicia de Tiro, en el norte de Israel, a cambio de ingenieros y materiales de construcción. También se dijo que había participado en el culto de otros dioses, además de Yahvé.

Tras la muerte de Salomón, las tribus del norte de Israel se quejaron del trato que les dio su sucesor, Roboam. Al negarse a escucharlos, se desencadenó una rebelión que concluyó con la división del reino en dos partes independientes, Israel en el norte y Judá en el sur.

Era una momento peligroso para las disputas internas de los israelitas. El faraón Shesonk, que había logrado enderezar la trayectoria decadente de Egipto, en el 924 a.C., invadió Judá e Israel y destruyó muchas ciudades, obligando a los israelitas a pagarle tributo. Los estados vasallos de Moab y Edom, aprovechando la oportunidad, se rebelaron con éxito contra su gobierno. La Biblia nos contaba también que los dos reinos se vieron debilitados por disputas religiosas. Por ejemplo, se contaba de Ajab, rey de Israel, que intentó introducir el culto del dios fenicio Baal. Dirigentes religiosos denominados profetas, como Elías y Eliseo, advirtieron de los peligros de la herejía y de las divisiones interiores.

Durante los siglos IX y VIII a.C., la principal amenaza de los reinos israelitas procedía de Asiria, que era entonces la potencia más fuerte de Oriente Medio. Tanto Israel como Judá se vieron obligados a convertirse en estados vasallos. Ocasionalmente hubo rebeliones, pero fueron ferozmente reprimidas y gran número de cautivos deportados a Asiria.

Al poder asirio, le sucedió el gobierno babilonio. El rey de Babilonia aplastó la rebelión de Judá. Jerusalén fue saqueada, el templo de Salomón, destruido y sus tesoros, víctimas del pillaje. Miles de judíos fueron deportados a Babilonia.

Durante los años de su exilio, los judíos tuvieron el consuelo y el apoyo de su religión, que les ayudó a conservar su identidad como pueblo. En esta época se escribió la mayoría de los libros del Antiguo Testamento.

Ciro, el rey de Persia, destruyó el Imperio Babilónico y permitió a los judíos volver a su país, aunque muchos prefirieron quedarse en Babilonia. Los reinos judíos fueron gobernados primero por Persia y posteriormente por Alejandro Magno y sus sucesores. Una rebelión judía contra la imposición de costumbres griegas condujo en el 142 a.C. a la creación del reino independiente de Judea; su vida fue corta, pues en el 63 a.C. pasó a formar parte del Imperio Romano.

Por entonces, estaban divididos en múltiples sectas. Las enseñanzas de un dirigente judío, Jesucristo, dieron origen a una nueva religión, el cristianismo. Otras sectas judías que fomentaron rebeliones contra el gobierno romano fueron duramente reprimidas. Los zelotes fueron definitivamente derrotados en el 73 d.C. en la fortaleza de Masada. Tras este levantamiento, los romanos destruyeron el Templo de Jerusalén y sus tesoros fueron llevados a Roma.

Tras cada una de estas derrotas, se producían nuevos exilios de judíos. En el 300 d.C., eran pocos los que quedaban en su patria: estaban dispersos por Oriente Medio y por todo el Mediterráneo, instalados en rutas mercantiles y puertos comerciales. La expansión de los judíos por todo el mundo era conocida como la diáspora, que se ha prolongado hasta los tiempos modernos porque los judíos se veían obligados a huir por padecer persecución en los países donde se habían instalado. Hasta la fundación del Estado de Israel, en 1948, los judíos no tuvieron una patria independiente.

Los manuscritos del Mar Muerto

El Mar Muerto está íntimamente ligado a la historia bíblica: las ciudades de Sodoma y Gomorra se sitúan tradicionalmente en sus orillas, y los esenios escribieron lo que hoy se conoce como "manuscritos del Mar Muerto" en la comunidad que establecieron en dicho lugar. La fortaleza de Masada, situada en lo alto de una montaña, que fue el último reducto de los judíos zelotes frente a los romanos en 70-72, también se encontraba en la orilla occidental. El descubrimiento de los manuscritos en 1947, en una serie de cuevas de una montaña de Jordania, en el extremo noroccidental del Mar Muerto, en la región de Qirbet Qumran, fue uno de los acontecimientos arqueológicos más notables de todos los tiempos.[59] Este paraje se encontraba a unos kilómetros al sur de la ciudad mítica de Jericó, una región inhóspita y desértica. Motivo por el que, desde mediados del siglo pasado, se conocía como "El Paraje en Ruinas".

Guardados en vasijas había numerosos códices escritos en su origen en hebreo, arameo y griego sobre cuero o papiro —salvo uno que era una lámina de cobre—, entre ellos la más antigua copia conocida del libro de Isaías, manuales de disciplina, libros de himnos, comentarios bíblicos y textos apocalípticos y fragmentos de todos los libros del Antiguo Testamento, a excepción del de Ester. El número total de pergaminos, cuando fueron escondidos, se estimaba que era superior a los 1.000. Se han identificado los restos de 870 pergaminos distintos cuyos fragmentos difieren en tamaño, algunos, los más pequeños, de dos centímetros. En la caverna N° 4, por ejemplo, se encontraron unos 15.000 fragmentos. Entre ellos, un comentario del *Libro del Génesis*[60]. En ulteriores exploraciones

---

59. Los rollos principales fueron adquiridos por la Universidad Hebrea de Jerusalén, y por el monasterio siríaco de San Marcos de Jerusalén; más tarde fueron obtenidos por el Gobierno de Israel. El descubrimiento inicial de siete rollos, a cargo de los beduinos, fue seguido de una exploración científica de las cuevas vecinas con el patrocinio del Departamento de Antigüedades de Jordania, la École Biblique et Archéologique dominicana de Jerusalén y el Museo Arqueológico de Palestina (hoy Museo Rockefeller).
60. Asimismo se descubrieron textos, en sus idiomas originales, de varios libros de los apócrifos, deuterocanónicos y pseudoepígrafos. Estos textos, ninguno de los cuales fue incluido en el canon hebreo de la Biblia, son Tobías, Eclesiástico, Jubileos, partes de Enoc y el Testamento de Leví, conocido hasta entonces solo en sus antiguas versiones griega, siríaca, latina y etíope.

se encontraron decenas de miles de fragmentos adicionales —algunas en clave—, así como un registro de un tesoro enterrado y grabado en caracteres hebreos sobre tiras de cobre. Los primeros rollos —que después se denominarían los Papiros de Qumram— fueron descubiertos por un joven pastor beduino llamado Mohammed ed-Dhib, de la tribu de los Taamire.

El descubrimiento, en cierta medida, estaba rodeado por un halo de misterio, porque de los tres jóvenes beduinos que ese día de enero de 1947 pastaban sus cabras por la zona, uno de ellos fue tras sus animales que pretendían meterse a través de unas cuevas. Arrojó una piedra por una de las aberturas y se produjo un sonido que lo sorprendió: inmediatamente pensó que era un tesoro. Llamó a sus primos, Khalil y Mohammed, que subieron a escuchar el insólito relato. Pero ya se hacía demasiado tarde y debían llevar de nuevo a las cabras. Se prometieron regresar al día siguiente, siempre soñando con el supuesto "tesoro" de la caverna. Al día siguiente, Mohammed —el más joven de los tres— despertó antes que sus compañeros y se encaminó a la cueva. El piso de la misma estaba cubierto con escombros, que incluían restos de cerámica rota. Sobre la pared había una cantidad importante de jarras delgadas, algunas de las que todavía tenían sus cubiertas de forma redonda. Impacientemente, comenzó a explorar el interior de cada una de ellas, pero no encontró ningún tesoro... solo algunos pergaminos amarrados con trapos verduzcos por el paso del tiempo. Cuando halló a sus primos, les informó, desilusionado, las novedades.[61] Nunca imaginarían que esos primeros siete manuscritos —más antiguos que la Biblia— serían reconocidos como el mayor tesoro jamás encontrado y revolucionarían al mundo arqueológico dándole a sus equipos de traductores una tarea imponente que aún hoy día no se agota.

---

61. Otra versión relata que el pastor beduino Muhammad adh-Dhib, "el lobo", aburrido, mientras cuidaba su rebaño, comenzó a lanzar piedras a una cueva y sorpresivamente una de ellas ocasionó un ruido de vasija rota. Cuando entró en la cueva vio unas cuarenta vasijas de barro que contenían manuscritos sobre pergaminos de piel de cabra.

Desde el hallazgo[62], la historia de cómo los escritos llegaron a los académicos internacionales es todavía más curiosa; si bien los detalles de lo que ocurrió en los meses siguientes nunca llegará a conocerse con detalle. Luego de colgar aquellos siete pergaminos originales del poste de una tienda beduina por cierto período, fueron vendidos, separadamente, a dos anticuarios árabes en Belén. Uno de ellos no le prestó mucha importancia porque consideró que no tenían demasiada antigüedad y rechazó el precio de veinte libras esterlinas que le pedían. Cuatro se vendieron por una pequeña cantidad de dinero al arzobispo Athanasius Jesche Samuel, que pertenecía al monasterio de San Marco de la Iglesia Siria Ortodoxa en Jerusalén. Diversos funcionarios ocasionales a quienes se consultaba, después de examinar los manuscritos, le explicaron al clérigo que no eran suficientemente expertos para dictaminar sobre la antigüedad de los pergaminos, y propusieron que la universidad enviara otros estudiosos para inspeccionarlos. Sin embargo, antes que la Universidad Hebrea alcanzara a enviarlos, el arzobispo se trasladó a Siria y llevó consigo los manuscritos.

Al momento del hallazgo, Palestina se encontraba todavía bajo el dominio inglés, mientras se discutía en las Naciones Unidas el destino de la zona. Aunque todavía había contacto entre las poblaciones árabe y judía, ya era peligroso aventurarse en ciertos territorios, y los ataques armados entre grupos de pobladores antagónicos cobraban numerosas víctimas y se hacían más frecuentes día en día.

Cuando fueron examinados por estudiosos de la Escuela Americana de Investigación Oriental, se dieron cuenta de la antigüedad. Así, el investigador John Trever los fotografió en detalle y el destacado arqueólogo William F. Albright pronto anunciaría que los manuscritos más antiguos jamás descubiertos habían sido encontrados en el desierto de Judá y pertenecían, aproximadamente, a un intervalo temporal entre 200 años a.C. y 200 años d.C.

---

62. Se dice que tras el hallazgo ocurrieron varios errores en el tratamiento de tan delicado material: hubo saqueos, destrucciones por ignorancia, algunos manuscritos fueron usados como teas para encender fuego y otros se vendieron en el mercado negro.

Otros tres manuscritos fueron vendidos a Eliezer Sukenik, un arqueólogo de la Universidad Hebrea. Pero la guerra egipcio-israelita de 1947-1949 hizo que los rollos cayeran en el olvido, aparentemente, porque, finalmente, todos los pergaminos llegaron a la Universidad Hebrea en circunstancias poco comunes.

Sukenik quiso visitar el monasterio de San Marcos para examinar con sus propios ojos los pergaminos, propiedad del arzobispo, pero el monasterio se hallaba en el sector árabe de la ciudad y a los judíos les estaba vedado entrar en él. A fines de enero de 1948, Sukenik recibió un mensaje de un miembro de la comunidad siria, el Sr. Anton Kiraz, que le comunicó tener en su poder varios pergaminos que quería mostrarle. Hubo que encontrar un sitio neutral para reunirse, ya que Jerusalén se encontraba dividida. Al cabo de varias negociaciones, lo hicieron en el edificio de la Asociación Cristiana de Jóvenes, que se hallaba cerca de la ciudad vieja, pero dentro del sector judío, todavía bajo control de las fuerzas armadas inglesas. Cuando Sukenik examinó los pergaminos traídos por Kiraz, se dio cuenta que pertenecían al mismo grupo que los comprados y llevó prestados tres de los pergaminos a la universidad, para que los examinaran otros expertos. Todos llegaron a la conclusión de que eran auténticamente antiguos.

Comenzó entonces una dificultosa transacción. El Presidente de la Agencia Judía, David Ben-Gurión[63], aprobó la compra y destinó los fondos necesarios para comprar los pergaminos del arzobispo. Mientras tanto, los sirios ortodoxos habían decidido no venderlos a la espera de que pasaran las hostilidades y se restablecieran las relaciones con el mundo, y así tener una apreciación real de su importancia y valor. Luego, por conducto del Colegio Norteamericano de Estudios Orientales en Jerusalén, los manuscritos fueron llevados a los Estados Unidos.

El 11 de abril del mismo año (1948) se publicó en los Estados Unidos que los investigadores del Colegio Norteamericano en Jerusalén habían identificado por primera vez algunos de los manuscritos del Mar Muerto como pertenecientes a la época previa a la destrucción del templo de Jerusalén (año 70 d.C.). Esta noticia

---

63. Proclamó la independencia de Israel y fue su Primer Ministro.

despertó gran interés en los círculos científicos; el profesor Sukenik decidió publicar un primer estudio sobre los pergaminos, que salió a luz como un folleto con el título "Los pergaminos escondidos" (*Hameguilot Hagnuzot*). Los americanos también hicieron divulgaciones, que incluían fotocopias de algunos de los manuscritos. Su hijo, Yigael Yadín —un general del ejército israelí que después se convertiría en un famoso arqueólogo y excavador de Masada y Hazor—, compró en Nueva York los cuatro rollos del arzobispo sirio ortodoxo, y un octavo rollo, el importante Pergamino del Templo, fue adquirido por él mismo al finalizar la Guerra de los Seis Días, cuando Israel logró reunificar la ciudad de Jerusalén.

En febrero de 1955, el Primer Ministro israelí anunció que el Estado de Israel había comprado los pergaminos y —también los adquiridos anteriormente por el profesor Sukenik— se conservarían en un museo especial de la Universidad Hebrea llamado Santuario del Libro, donde se pueden ver en la actualidad. Tal anuncio motivó incansables búsquedas en el área del descubrimiento original. Previamente, en 1949, una expedición arqueológica oficial encontró diez cuevas más que también contenían pergaminos. En ese momento, los exploradores enfocaron su atención en unas ruinas cercanas llamada *Khirbet Qumran* —Ruinas de *Qumran*— que supuestamente eran los restos de una vieja fortaleza romana. Luego de varias etapas de excavación intensa, los académicos llegaron a la conclusión de que los manuscritos tenían su origen en la comunidad que floreció allí entre los años 125 a.C. y 68 d.C.: evidentemente, los pergaminos habían sido ocultados de forma precipitada en las cuevas mientras sus habitantes huían de la invasión del ejército romano, quien se encontraba en Judea para acabar con la revuelta judía de los años 66 al 70 d.C. La descripción de estos eventos se encontraba en los libros de historiadores contemporáneos a los hechos. Habían sido escondidos en la cueva hacia 68 d.C. por miembros de la austera secta judía de los esenios. Al parecer, fueron parte de la biblioteca de la comunidad, cuya sede se encontraba en lo que hoy se conoce como *Qirbet Qumran*, cercana al lugar de su descubrimiento.

Los siete manuscritos originales, de la que se ha llamado "cueva 1", comprenden lo siguiente: 1) una copia bien conservada de la profecía de Isaías completa (la copia más vieja de un libro del Antiguo Testamento jamás descubierta); 2) otro fragmento de Isaías; 3) un comentario de los dos primeros capítulos de Habacuc, el comentarista explica el libro alegóricamente en términos de la hermandad Qumran; 4) el *Manual de la Disciplina* o *Norma de la Comunidad* (la más importante fuente de información acerca de la secta religiosa en *Qumran* y que describe los requisitos para aquellos que deseen ingresar a la hermandad); 5) los "Himnos de Acción de Gracias" (una colección de "salmos" devocionales de acción de gracias y alabanza a Dios); 6) el *Libro de Génesis* parafraseado en arameo y 7) la "Norma de Guerra" que trataba de la lucha de los "hijos de la luz" y "los hijos de las tinieblas", que debía ocurrir en los "últimos días".

Antes del hallazgo, los estudiosos no sabían nada concreto sobre los esenios, y el estudio de los pergaminos reveló que sus miembros se habían aislado voluntariamente en el desierto para escapar de las persecuciones. Las pruebas paleográficas indicaban que la mayoría de los documentos fueron escritos en distintas fechas, al parecer desde el 200 a.C. hasta el 68 d.C. Las pruebas arqueológicas confirmaban la fecha más tardía, ya que las excavaciones en el lugar demostraban que fue saqueado en el 68 d.C.[64] Los documentos eran importantes como textos religiosos y por la luz que arrojaban sobre el mundo judío inmediatamente antes de la vida de Cristo y durante ella.

Una de las contribuciones más importantes de los Pergaminos del Mar Muerto son los numerosos manuscritos bíblicos que han sido descubiertos. Hasta ese momento, los manuscritos de escrituras hebreas más antiguos eran copias de los siglos IX y X d.C., realizados por un grupo judío de escribas llamado los *masoretes*. Asimismo, los veinticuatro escritos bíblicos de la Cueva IV —correspondientes a los libros de Deuteronomio, Josué, Jueces y Reyes— son, aproximadamente, mil años más antiguos que los documentos hebreos conocidos hasta el presente.

Además, constituían una ayuda inestimable para determinar el texto original de las escrituras hebreas ya que eran mucho más

64. Lo más probable es que los documentos fueran ocultados entre el 66 y 68 el d.C.

antiguos a los de la Masora tradicional y hasta cierto punto corroboraban lecturas conservadas en la *Septuaginta* griega y en otras versiones arcaicas. La *Septuaginta* era la traducción que hizo San Jerónimo de la versión griega de la *Vulgata* —versión en latín del Antiguo Testamento— que se realizó en la judería de Alejandría.

Numerosas ideas halladas en los Manuscritos del Mar Muerto se repiten en los libros apócrifos, deuterocanónicos y pseudoepígrafos del Antiguo Testamento y en las primeras partes del Talmud —que en hebreo posbíblico significa, *instrucción*— es el corpus de ley civil y religiosa del judaísmo, que incluye además comentarios de los sabios.

Se llaman *Libros Apócrifos*[65] a los textos escritos aparecidos en los primeros siglos de la era cristiana sobre temas bíblicos que no se incluyeron en el cuerpo de la Biblia porque no se consideraron inspirados. Sin embargo, con los estudios históricos decimonónicos se comenzó a reconocer su valor como fuentes fidedignas. Fueron escritos entre el 300 a.C. hasta el Nuevo Testamento y proyectaron nuevos conocimientos sobre el intervalo comprendido desde el final del Antiguo testamento al inicio del Nuevo. Son además significativos fuentes de información acerca del desarrollo de la creencia en la inmortalidad, la resurrección como de la influencia de las ideas helenistas sobre el judaísmo.

Por su parte, los *Libros Deuterocanónicos* sí se encuentran en el canon bíblico de los católicos y, en general de los ortodoxos, pero no en el hebreo. La Iglesia Católica, a través del Concilio de Trento, celebrado en 1546, los incorporó a la Biblia luego de doce siglos anteriores de desavenencias. Por ello, su nombre proviene del griego, que significa *segundo canon*. Estos libros son *Judit, Sabiduría de Salomón, Tobías, Eclesiástico* (Sirá), *Baruc, 1 y 2 Macabeos* y algunas secciones de *Ester y Daniel*.[66]

Los llamados *Pseudoepígrafos* —del griego, "falsamente atribuidos"— son escritos tanto judíos como cristianos atribuidos a

---

65. En griego *apokryphos*, "oculto".
66. La iglesia ortodoxa tiene un canon similar, aunque rechaza el Libro de Baruc y tiende a incluir un tercer libro de Macabeos y un salmo, el 151, que aparece en algunos manuscritos de la traducción griega del Antiguo Testamento.

grandes figuras y autoridades religiosas del pasado. Aparecieron en el final del Antiguo Testamento y se mantuvieron hasta bien aceptada la era cristiana. Muchas veces este término es utilizado por judíos y protestantes para nombrar los escritos católicos llamados Apócrifos. Entre ellos se encuentran el *Libro de Jubileos*, los *Salmos de Salomón*, el cuarto *Libro de Macabeos*, el *Libro de Enoc*, el cuarto *Libro de Esdras*, el *Apocalipsis* de Baruc y los Testamentos de los Doce Patriarcas. Entre el material descubierto en Qumran, aparecieron fragmentos en hebreo o en arameo de otros pseudoepígrafos, desconocidos hasta ese momento.

También en los manuscritos del Mar Muerto aparecen numerosos paralelismos respecto a conceptos iraníes que sirven como prueba de que el pensamiento judío estuvo influido por ellos en el período histórico comprendido entre los dos testamentos.

Resulta interesante la relación entre el pensamiento y los modismos de los Escritos encontrados con los del Nuevo Testamento: unos y otros insisten en la inminencia del reino de Dios, en la necesidad del arrepentimiento y en la esperada derrota de Belial, el Maléfico. Asimismo aparecen referencias similares respecto al bautismo en el Espíritu Santo y se encuentran nominaciones semejantes de los fieles como "los elegidos" y "los hijos de la luz". Estos paralelismos son los más interesantes, porque la congregación de Qumran vivió en la misma época y en la misma región que Juan el Bautista, que fue precursor de las ideas cristianas y se sugiere que el mismo tal vez haya pasado algún tiempo con la comunidad ya que los Evangelios dicen que estuvo un tiempo considerable en el desierto, cerca del área donde la comunidad se localizaba. (Mateo 3:1-3, Marcos 1:4, Lucas 1:80; 3:2-3).

Las ruinas de Qumran revelan, sin lugar a dudas, que un grupo importante de judíos vivían en esa comunidad. Fueron descubiertos acueductos, bodegas, baños rituales y un salón de asambleas. Uno de los lugares más interesantes resultó ser el *escritorium*, identificado por dos tinteros y algunas bancas para los escribas.

Apenas se informó sobre los descubrimientos, empezaron los debates sobre el origen y el significado, algunos de los cuales no han cesado en la actualidad. Uno de los hallazgos más misteriosos fue un pergamino de cobre que se debió cortar en tiras para abrirse, y contenía una lista de sesenta tesoros localizados en varios lugares de Judea; ninguno ha sido encontrado hasta el momento. Otro códice —recuperado en 1967 por arqueólogos israelíes de las manos de un vendedor de antigüedades en Belén— describe detalladamente de qué forma la comunidad veía un elaborado templo para rituales. Por eso, ha sido llamado, con propiedad, "El Pergamino del Templo".

Las excavaciones realizadas en las ruinas entre 1953 y 1955 confirmaron los datos del historiador romano Plinio el Viejo, pero también condujeron a descubrimientos que asombraron a la ciencia: en una tinaja muy parecida a las encontradas anteriormente en la cueva, los arqueólogos hallaron monedas de los procuradores romanos de la época, por lo que deducen que el monasterio habría sido ocupado por los romanos en el año 68 d.C. Evidentemente, al acercarse la décima legión romana, que tenía la misión de reducir a los rebeldes judíos (66-67 d.C.), los esenios huyeron, no sin antes haber ocultado su biblioteca en las cuevas de los alrededores.

Los eruditos han tenido que dar paso a los científicos para extraer más información de estas reliquias arqueológicas. Así, los expertos convocados por el Centro Orión para el Estudio de los Rollos del Mar Muerto a una conferencia en la Universidad Hebrea de Jerusalén intentaron resolver algunos de los misterios que aún perduran sobre los manuscritos. En abril de 1991, muestras de los pergaminos del Mar Muerto fueron examinadas en un laboratorio suizo, que determinó en forma científica e incuestionable que datan de entre el segundo siglo a.C. y comienzos del siglo primero de la era cristiana. Los arqueólogos, basándose en la escritura, ya habían llegado a la conclusión que los pergaminos no podrían ser posteriores al año 68, cuando las legiones romanas llegaron a Qumran, y lo despoblaron.

Resulta interesante destacar que los estudios históricos previos al descubrimiento consideraban que el hebreo era una lengua muerta, usada únicamente por las clases educadas, algo así como el latín en la edad media europea. El hebreo rabínico, de la literatura del año 200 y posteriores, era considerado una invención escolástica, no un lenguaje cotidiano. Por ello, la historia de los orígenes del cristianismo afirmaba que los evangelios no podían haberse escrito originalmente en hebreo o arameo. El descubrimiento del Mar Negro refutó esta creencia: demostraron que los judíos en la época del Segundo Templo —después del retorno del exilio en Babilonia— usaban tanto el hebreo como el arameo.[67] Para escribir, sin embargo, empleaban de preferencia el idioma bíblico.

Los siete rollos originales se exhiben en el Museo del Libro, parte del Museo Israel en Jerusalén, y son los siguientes manuscritos: el *Manual de Disciplina* —actualmente conocido como Carácter de una Asociación Sectaria Judía—, *Historias de los Patriarcas*, *Salmos de Agradecimiento*, Un comentario de Habacuc, el Pergamino de la Guerra entre los Hijos de la Luz y los Hijos de las Tinieblas, y dos copias del *Libro de Isaías*.

Además de los rollos, existen numerosos fragmentos de pergamino, que se encuentran actualmente en el Museo Rockefeller, en Jerusalén, y cuya trascripción ha demorado décadas y producido agrias disputas entre los investigadores.

Luego de medio siglo de recomponer y analizar los rollos del Mar Muerto, esencialmente, la opinión experta de los investigadores afirma sin dudas que los orígenes del cristianismo ya no deben buscarse entre los fariseos y los talmudistas, sino entre los esenios.

El origen

Los esenios eran miembros de un grupo religioso judío, organizado en torno a bases comunitarias monásticas profundas y a prácticas de un estricto ascetismo[68]. Efectuaban esta práctica de abnegación y de renuncia de los placeres mundanos con el objetivo de llegar al más alto grado de espiritualidad. Si bien el

---

67. Conviene aclarar que la relación entre estas dos lenguas es como la existente, en términos meramente comparativos, entre el castellano y el italiano.
68. Del griego, *askesis*, que significa "ejercicio".

ascetismo era practicado por seguidores de casi todas las religiones, requería ayuno y celibato, y a veces incluía también el padecimiento físico y las incomodidades, como por ejemplo soportar calor o fríos extremos. Muchas veces exigía retirarse del mundo para llevar una vida de meditación y pureza total con la que pretendían alcanzar la salvación no solo a través de esta conducta ascética sino por la iluminación espiritual.

La hermandad vivió en Siria y en Palestina desde el siglo II a.C. hasta el II d.C., y mantuvieron presencia comunal en Jerusalén hasta el año 140 a.c. cuando muchos de ellos tomaron el camino a Jericó para establecerse en Qumran, en la base de un promontorio rocoso, una zona inhóspita entre el desierto de Judea y el Mar Muerto. Sus principales asentamientos se encontraban en sus orillas.

La comunidad fue reorganizada por un personaje llamado Maestro de Justicia y continuó en el desierto hasta el terremoto que produjo graves daños en toda la zona, en el año 31 a.c. algunos grupos volvieron al Mar Muerto para luego desaparecer en la historia. Los documentos hallados en Qumran, han puesto sobre la mesa su importantísimo papel en el que se inspiró el cristianismo primitivo. La comunidad reflejada en estos documentos es mesianista y aguarda la restauración de la línea davídica en el trono de Israel. En el manuscrito de la Guerra —hallado en una de las cuevas— a ese Mesías davídico se le llama "el Cetro". Eran dualistas y con la mentalidad apocalíptica tal y como se refleja en el Nuevo Testamento.

Su nombre deriva del griego *essenoi* —que probablemente, a su vez, derive del arameo— y significa los "piadosos". Otra versión indica que la palabra *esenio* proviene de *isí*, en hebreo, cuyo significado, coincidente, es "piadoso". Llegó a contar con aproximadamente 4.000 miembros.

El hallazgo de los manuscritos del Mar Muerto no hizo más que confirmar las creencias y prácticas de los esenios descritas por el filósofo judío helenista Filón de Alejandría y el historiador judío Flavio Josefo. Por ello, numerosos especialistas estaban convencidos de que la comunidad de Qumran —donde se hallaron los documentos— estaba relacionada con dicha secta. Además, en las obras del escritor romano Plinio el Viejo, se encuentran pruebas probatorias para vincular la época en que los esenios vivían en la región de Qirbet Qumran.[69] Este autor, precisamente, había descrito el monasterio de dicha zona, en el noreste del Mar Muerto como sede de una numerosa colonia de esenios, una secta judía del siglo I a. de C. que se llamaba a sí misma: Nueva Alianza.

El contenido de los pergaminos del Mar Muerto indica que los autores eran un grupo de sacerdotes que mantenían una vida comunal estrictamente dedicada a Dios. Su líder era llamado el "Maestro Justo". Desde el comienzo, se opuso al "Sacerdote Cruel", un elevado funcionario eclesiástico judío de Jerusalén quien los había perseguido. Probablemente, este oficiante fue uno de los legisladores macabeos que ilegítimamente asumió la posición de sumo sacerdote entre los años 150 y 140 a.C.

El odio de los jefes judíos contra los esenios era evidente, así el Gran Sacerdote de Jerusalén realizó una violenta expedición contra Qumran, donde asesinó al Maestro de Justicia mientras oficiaba una ceremonia. La secta esenia acusaba a los líderes judíos de usurpación del sacerdocio y de contaminar su santuario porque ellos rechazaban los sacrificios de animales. Hasta el calendario era objeto de discusión ya que la comunidad se regía por el calendario solar, mientras que Jerusalén utilizaba el lunar, por lo que las liturgias no coincidían. Además, los esenios no solo creían en una Nueva Alianza sino que ya la estaban viviendo.

Su nombre les fue dado por la gente que los conocían, y se denominaban a sí mismos "Orden de los Hijos de la Luz". No existe referencia a ellos en el Antiguo Testamento como tampoco en el Nuevo, pero sí la hubo a través del historiador y cronista Flavio Josefo en su libro "Guerra de los Judíos", del filósofo Filón de Alejandría y del escritor romano Plinio el Viejo y muchos otros —de los que no se conserva testimonio escrito—, coincidiendo

---

69. Sin embargo, otros investigadores destacan diferencias entre la cofradía de Qumran y los esenios: encuentran que hay una afinidad genérica en lugar de una identidad específica.

todos en elogios sobre su Regla y del espíritu que los inspiraba (ver "Las fuentes históricas").

Por lo tanto, los científicos opinaron que el esenismo fue precursor del cristianismo y que de los manuscritos se "sacan numerosos y decisivos paralelos con los sermones de Cristo". Resulta especialmente importante la similitud de los textos con el Evangelio de Juan. Además, el *Manual de la vida espiritual*, encontrado en las cavernas, es de máxima importancia para la imagen del judaísmo en Palestina durante el siglo I a.C. y el siglo I d.C., así como para el origen de la religión cristiana. Sus miembros practicaban ritos similares al bautismo de la primitiva comunidad cristiana y marcaban las frentes de sus iniciados con el signo de la X —o cruz de San Andrés— que representaba la letra inicial de la palabra griega *Xristos*.

Según las prescripciones, los esenios vivían en cuevas, cabañas o celdas como los antiguos hebreos. Solo se reunían en el monasterio para realizar sus actos sagrados comunes, para orar y las comidas. Practicaban la humildad en extremo y así se observó en las tumbas de su cementerio que eran de gran sencillez, sin adornos, inscripciones, ni ofrendas... Gracias a los hallazgos producidos en el Mar Muerto se sabe que se trataba de una secta muy piadosa, que constituían una comunidad monástica consagrada a la preservación de la Ley de Moisés, sin desviaciones ni alteraciones, que apreciaban la ley mosaica —un sistema ético en el cual el gobierno y el culto tenían un peso similar— y el Antiguo Testamento. Además, puede observarse que practicaban un extraño lenguaje escrito, ya que algunos de sus documentos han sido realizados mediante símbolos que solo ellos podían entender o descifrar.

Sus inicios parecen remontarse hacia el año 150 a.C. en el que surgen como una verdadera religión. Eran, en principio, una de las facciones menores del pueblo judío en la época de los asmoneos. Los grupos principales resultaron ser los fariseos y los saduceos. Después de la conquista del Medio Oriente a cargo de Alejandro Magno, y a partir de su fallecimiento, en el año 323 a.C., Palestina se convirtió en el campo de batalla de dos de sus generales: Seleuco, que gobernaba en Siria, y Ptolomeo, en Egipto. Un descendiente de Seleuco, Antíoco Epifanes IV, trató de imponer la religión pagana, el culto de Zeus y los demás dioses griegos en Judea, eso provocó la rebelión de los macabeos[70] en el año 165 a.c. Después de una prolongada guerra, los judíos, con la dirección de Judas Macabeo lograron su independencia. Aunque este líder murió en batalla, sus descendientes, con Juan Hircano a la cabeza, constituyeron la dinastía de los reyes asmoneos, que gobernaron durante una época marcada por luchas fratricidas, guerras continuas y la amenaza creciente de las dominantes legiones romanas.

Es en este tiempo turbulento cuando los esenios se separaron de la corriente central del judaísmo de entonces y constituyeron un grupo ultra ortodoxo. Consideraban que se aproximaba el fin del mundo, el Apocalipsis y trataban de observar minuciosamente todas las prescripciones de la Torá, es decir, el Pentateuco, los cinco primeros libros de la Biblia. Se supone que San Juan Bautista pertenecía a dicha secta, y algunos investigadores consideran incluso que Jesús mismo también ingresó en la secta durante su período de aislamiento en el desierto.

En cuanto a sus características generales, era un pueblo solitario, sin mujeres, sin hijos, sin dinero. Vivían en la soledad del desierto, por lo cual los adeptos llegaban en masa. La literatura producida por la comunidad revela la práctica de una severa disciplina, interpretaban la Ley de una manera aun más exigente que los más ortodoxos fariseos. Tenían una vida comunitaria fuertemente estructurada, la posesión de bienes era común a todos, estaban separados de los demás judíos, practicaban el celibato, la rectitud moral, la modestia, los baños rituales, las comidas en común y usaban hábitos blancos. Sus rasgos distintivos más importantes eran: la comunidad de bienes y propiedades distribuidas de acuerdo con las necesidades de cada uno, tenían prohibido jurar, emitir votos, sacrificar animales, fabricar armas y participar en el comercio o hacer negocios. Sus miembros eran escogidos a través de la adopción de niños o bien

---

70. El vocablo *macabeo* significa "el martillo".

entre aquellos que habían renunciado a todos sus bienes materiales. Se exigía una prueba temporal de tres años antes de que el novato pudiera emitir sus votos definitivos, que exigían una total obediencia y discreción. La prohibición de ingerir alimentos impuros constituía una ley que podía llegar a significar la muerte por inanición. Los esenios fueron los primeros en condenar la esclavitud porque la consideraban una violación de los derechos inherentes al hombre; incluso, compraban y luego liberaban a personas que habían sido esclavizadas. Su trabajo fundamental se centraba en la agricultura y en la artesanía.

Su doctrina era típicamente judía: preocupación extrema por la pureza obtenida mediante reiterados baños rituales, la observancia rigurosa del sábado, tenida en especial estima por Moisés. La secta se consideraba como el verdadero Israel, y desempeñaba un papel importante al intentar desarraigar el mal antes del final de una era, que creían inminente.

En Qumran se encuentran los restos de un monasterio esenio cuya arquitectura muestra la disposición de los ambientes en función de la vida común: comedor, biblioteca, talleres de trabajo... y la importancia concedida a los ritos de purificación observada en las instalaciones para los baños rituales. Este convento fue destruido en el año 68, posiblemente por las tropas romanas que tomaron Jericó. Algunos de los sobrevivientes se unieron a los zelotes de Masada, donde fue encontrado un rollo perteneciente a esta comunidad.

Edmund Wilson, en su libro *Los manuscritos del Mar Muerto*[71], hizo un estudio extenso sobre los orígenes de los esenios y llamó la atención sobre las referencias de un manuscrito reconstruido que resultó ser el *Manual de Disciplina* de una orden monástica muy antigua. La comparación de ese documento con lo que ya se conocía de la secta esenia, no dejó lugar a dudas de que se trataba de la identidad de una misma orden. En ese estudio se encontró lo siguiente: los esenios conjugaban el principio de fraternidad con una rigurosa disciplina; el candidato a miembro de la secta no era admitido en el primer

---

71. Cía. de Letras, 1993.

año; recibían su túnica blanca y una pequeña hacha para cavar letrinas; pasaban a conocer el reglamento y a compartir "el más puro tipo de agua bendita" pero no participaban de las reuniones. Era puesto a prueba por dos años y después de aprobado pasaba a participar del alimento común, pero precisaba todavía prestar juramentos de veneración a la divinidad. Entre sus reglas debían observar la justicia de los hombres, la lealtad para todos los hombres, sobre todo de los gobernantes, pues, ninguno llegaría a su puesto si no fuera por la voluntad de Dios. Asimismo, si alguno de ellos llegaba al poder, nunca abusaría de su autoridad; amaría la verdad y denunciará a los mentirosos; nunca dejaría en sus manos productos propios del robo y mantendría su alma exenta de lucro impío; no revelaría secretos a nadie, ni siquiera aunque fuese torturado hasta la muerte. Finalmente, se abstendría del robo y preservaría con todo cuidado los libros de la secta y los nombres de los santos: "siempre odiaría a los injustos y combatiría al lado de los justos" porque ello es semejante a "construir templos para las virtudes y cárceles para los vicios".

En la mesa común y en los banquetes sagrados, la regla ordenaba hablar por turnos y en orden; siempre que diez hombres se reunían para comer debían sentarse por orden de llegada, presididos por el sacerdote. Los puntos más importantes de contacto entre esa antiquísima tradición se encontraban en los rituales religiosos de hoy que enseñaban la fraternidad y la disciplina.

La iniciación de los esenios aún no ha sido esclarecida detalladamente —o no se ha dado a conocer en su totalidad— pero en el *Manual de Disciplina* se vislumbra que el candidato, el aprendiz, debía pasar por estudios previos a su aceptación. Su delantal encontraba paralelo en la túnica blanca, porque los sectarios tenían que estar siempre revestidos de ellos.

El color blanco era el de los iniciados porque el hombre que abandonaba las ataduras para seguir la luz, pasaba del estado profano al puro, estaba espiritualmente renovado. La selección del blanco siempre se eligió por razones filosóficas muy profundas: designaba la nobleza, el candor, la pureza.

Muchas de las cosas descritas en los manuscritos parecen tener orígenes más antiguos, probablemente copiados de doctrinas oriundas de Persia y Mesopotamia: el bautismo por el agua, por ejemplo, no es un rito originario judaico y la adoración del sol en las primeras horas del día, muestran indudable influencia de la religión monoteísta del persa Zaratustra llevada a Jerusalén por los judíos regresados del exilio babilónico.

El juramento de lealtad a los gobernantes resulta de importancia pues los antiguos no habían desarrollado aún la noción de Patria: "Porque ninguno de los gobernantes ejerce su puesto sino es por la voluntad de Dios", decía el *Manual de Disciplina*, y San Juan Evangelista afirmaba que "el hombre no puede recibir cosa alguna si no se le ha dado desde el cielo".

Otras reglas morales que contiene el *Manual de Disciplina* son paralelas a los preceptos cristianos. Así, el primero dice "jura que nunca dejará sus manos hurtar y mantendrá su alma exenta de ganancia impía" y el segundo, "Vuestras manos jamás deben ser instrumentos de acciones deshonestas; purificadlas y conservadlas limpias".

En cuanto a la relación directa de los esenios con Juan el Bautista y Jesús, se afirma que la Orden esenia preparó el nacimiento del Mesías, para lo cual tomaron en su protección a las familias de María y de José que recibieron su formación así como también la recibiría el mismo Jesús y Juan el Bautista. Luego de la muerte de Cristo, la secta siguió prestando servicio a los apóstoles y discípulos con total eficacia y discreción. Algo que sí es evidente y comprobado es el aporte indudable de los esenios al cristianismo.

Las fuentes históricas

Durante siglos, las únicas referencias existentes acerca de los esenios eran las escuetas menciones en los escritos de Plinio, Flavio Josefo y Filón. Recién, con el descubrimiento de los manuscritos del Mar Muerto, cambió esa situación y se tuvo un conocimiento bastante acabado de los mismos.

Flavio Josefo (37 d.C.-?, h. 100) fue un historiador judío originario de Jerusalén con linaje real y sacerdotal cuyo nombre verdadero era José Ben Matías. Fue un hombre instruido y mundano, miembro del partido de los fariseos, y también una figura pública que, antes de la sublevación judía contra Roma (66), tuvo buenas relaciones en la corte del emperador romano Nerón. Su obra *La guerra de los judíos*, escrita en griego, abarca siete libros y fue creada con la intención de disuadir a este pueblo y a otras naciones de las constantes sublevaciones y la consecuente aniquilación de parte de Roma. En *Antigüedades judaicas*, que abarca en veinte libros, narra elocuentemente la historia desde sus orígenes hasta el 66 d.C., y demuestra cómo su pueblo había prosperado con la ley de Dios.

Según este autor, "los judíos tienen tres tipos de filosofía: los seguidores de la primera son los fariseos; los de la segunda son los saduceos; los de la tercera, que tienen fama de cultivar la santidad, se llaman esenios". Estos últimos eran de raza judía y están unidos entre ellos por un afecto mayor que el de los demás. Rechazaban los placeres como si fueran males y consideraban como virtud el dominio de sí mismos y la no-sumisión a las pasiones. Ellos no aceptaban el matrimonio, pero adoptaban los hijos de otros cuando aún estaban en una edad apropiada para captar sus enseñanzas, se comportaban con ellos como si de hijos suyos se tratara y los adaptaban a sus propias costumbres. No desaprobaban el matrimonio ni su correspondiente procreación, pero no se fiaban del libertinaje de las mujeres y estaban seguros de que ninguna de ellas era fiel a un solo hombre.

Despreciaban la riqueza y entre ellos existía una admirable comunidad de bienes. No se podía encontrar a nadie que fuera más rico que los otros, pues tenían una ley según la cual los que entraban en la secta entregaban sus posesiones a la orden, de modo que no existía en ninguno ni la humillación de la pobreza ni la vanidad de la riqueza, sino que el patrimonio de cada uno formaba parte de una comunidad de bienes, como si todos fueran hermanos.

Consideraban el aceite como una mancha, y si uno, sin darse cuenta, se ungía con este producto, tenía que limpiarse el cuerpo, ya que daban mucho valor tener la piel seca y vestir siempre de blanco. Los encargados de la administración de los asuntos de la comunidad ern elegidos a mano alzada y todos, indistintamente, eran nombrados para las diversas funciones. No tenían una sola ciudad, sino que en todas había grupos numerosos. Cuando llegaba un miembro de la secta de otro lugar, le ofrecían sus bienes para que hiciera uso de ellos como si fueran propios, y se alojaba en la casa de personas que nunca había visto, como si de familiares se tratara. Por ello, viajaban sin llevar encima absolutamente nada, solo armas para defenderse de los bandidos. En cada ciudad se nombraba por elección a una persona para que se ocupara de la ropa y de los alimentos de los huéspedes de la secta. En la forma de vestir y en su aspecto físico se parecían a los niños educados con una disciplina que provocaba miedo. No se cambiaban de ropa ni de calzado hasta que no estaban totalmente rotos o desgastados por haberlos usado mucho tiempo. Entre ellos no vendían ni compraban nada, sino que cada uno daba al otro y recibía de él lo que necesitaba. Por otra parte, sin que existiera trueque, también les estaba permitido recibir bienes de las personas que querían.

Mostraban una piedad peculiar con la divinidad. Antes de salir el sol no decían ninguna palabra profana, sino que rezaban algunas oraciones aprendidas de sus antepasados como si suplicaran a este astro para que apareciera. A continuación cada uno era enviado por los encargados a trabajar en lo que sabía. Después de haber hecho su tarea diligentemente hasta la quinta hora, se reunían de nuevo en un mismo lugar, se ceñían un paño de lino y de esta manera se lavaban el cuerpo con agua fría. Tras esta purificación acudían a una habitación privada, donde no podía entrar nadie que no perteneciera a la secta. Ellos mismos, ya purificados, pasaban al interior del comedor como si de un recinto sagrado se tratara. Se sentaban en silencio, el panadero les servía uno por uno el pan y el cocinero les daba un solo plato con un único alimento. Antes de comer el sacerdote rezaba una oración y no estaba permitido probar bocado hasta que no concluyera la plegaria. Al concluir con la comida otra vez onunciaba una nueva ración, de modo que tanto al principio como al final honraban a Dios como dispensador de la vida. Luego se quitaban la faja blanca, como si fuera un ornamento sagrado, y regresaban a sus trabajos hasta la tarde. Al regreso de sus faenas cenaban de la misma forma que en la comida, junto con sus huéspedes, en el caso de que se diera la circunstancia de que tuvieran alguno en su casa. Ningún grito ni agitación enturbiaba su hogar; se cedían la palabra por turno entre ellos.

El silencio que se respiraba dentro hacía pensar a la gente de afuera que celebraban un terrible misterio. Sin embargo, la causa de ello era su constante sobriedad y el hecho de que solo comían y bebían para saciarse.

En los demás asuntos no hacían nada sin que se lo ordenara su encargado. No obstante, había dos aspectos que dependían solo de ellos mismos: la ayuda a los demás y la compasión. Se les permitía prestar auxilio a las personas que consideraran oportunas, cuando estas se lo pedían, y entregar alimentos a los necesitados. En cambio, no les era posible dar nada a sus familiares sin la autorización de sus superiores.

Moderaban muy bien su ira, controlaban sus impulsos, guardaban fidelidad y colaboraban con la paz. Todas sus palabras tenían más valor que un juramento, pero trataban de no jurar, pues creían que esto era peor que el perjurio. Decían que ya estaba condenada toda persona que no podía ser creída sin invocar a Dios con un juramento. Estudiaban con gran interés los escritos de los autores antiguos, sobre todo aquellos que convenían al alma y al cuerpo. En ellos buscaban las propiedades medicinales de las raíces y de las piedras para curar las enfermedades.

A los que deseaban ingresar en la secta no se les permitía hacerlo inmediatamente, sino que permanecían fuera durante un año y se les imponía el mismo régimen de vida de la orden: les daban una pequeña hacha, el paño de lino antes mencionado y un vestido blanco. Después de haber dado durante este tiempo pruebas de su fortaleza, avanzaban más en su forma de vida y participaban de las aguas sagradas para sus purificaciones, pero todavía no eran recibidos en la vida comunitaria. Tras demostrar su constancia, ponían a prueba su carácter durante otros dos años y de esta forma, si eran considerados dignos de ello, eran admitidos en la comunidad. Antes de empezar la comida colectiva, pronunciaban terribles juramentos ante los demás hermanos de la secta: en primer lugar juraban venerar a la divinidad, después practicar la justicia con los hombres, no hacer daño a nadie, ni por deseo propio ni por orden de otro, abominar siempre a las o personas injustas y colaborar con las justas, ser fiel siempre a todos, sobre todo a las autoridades, pues nadie tiene el poder sin que Dios se lo conceda. Si llegaban a ocupar un cargo, juraban que nunca se comportarían en él de forma insolente ni intentarán sobresalir ante sus subordinados por su forma de vestir o por alguna otra marca de superioridad.

Hacían el juramento de que siempre iban a amar la verdad y a aborrecer a los mentirosos; de que mantendrían sus manos limpias del robo y su alma libre de ganancias ilícitas; de que no ocultarían nada a los miembros de la comunidad ni revelarían nada a las personas ajenas a ella, aunque les torturaran hasta la muerte. Además, juraban que transmitirían las normas de la secta de la misma forma que las habían recibido, que se abstendrían de participar en el bandidaje y que igualmente conservarían los libros de la comunidad y los nombres de los ángeles. Con estos juramentos obtenían garantías de las personas que ingresaban en la secta.

Echaban de la comunidad a los que encontraban en un delito grave. Muchas veces, el individuo expulsado acababa con una muerte miserable, pues a causa de sus juramentos y de sus costumbres no podía ni siquiera recibir comida de la gente ajena a la secta. Así, alimentado de hierbas, moría con su cuerpo consumido por el hambre. Por ello, se compadecieron de muchos de ellos y volvieron a acogerlos cuando iban a expirar, ya que creían que la tortura de haber estado a punto de morir era suficiente castigo por sus pecados.

En los asuntos judiciales resultaba muy rigurosos e imparciales. Para celebrar un juicio se reunían no menos de cien y su decisión era inamovible.

Después de Dios honraban con una gran veneración el nombre de su legislador, y si alguien blasfemaba contra él, se lo condenaba a muerte. Para ellos era un hecho noble obedecer a los ancianos y a la mayoría, de tal manera que cuando estaban reunidas diez personas uno no hablaba, si nueve no estaban de acuerdo. Evitaban escupir en medio de la gente y a la derecha, y trabajar el día séptimo de la semana con un rigor mayor que el de los demás judíos. No solo preparaban la comida el día anterior al sábado, para no encender el fuego en ese día, sino que ni siquiera se atrevían a mover algún objeto de sitio ni ir a hacer sus necesidades. Para este último acto el resto de los días cavaban un hoyo de un pie de hondo con una azada, pues esta era la forma de la pequeña hacha que daban a los neófitos. Se cubrían totalmente con su manto para no molestar a los rayos de Dios y se colocaban sobre él. Después rellenaban el hoyo con la tierra que habían sacado antes. Para ello elegían los lugares más solitarios. Y aunque esta evacuación de los excrementos se convirtió en algo natural, sin embargo tenían la costumbre de lavarse después de hacerlo, como si estuvieran sucios.

Según el tiempo que llevaran en la práctica ascética se dividían en cuatro clases. Los más recientes eran considerados de una categoría inferior a los más veteranos, de tal manera que si estos últimos tocaban a algunos de aquellos, se lavaban como si hubieran estado con un extranjero. Vivían también muchos años, la mayoría de ellos superaban los cien años, y creo que esto se debía a la simplicidad de su forma de vida y a su disciplina. Despreciaban el peligro, acababan con el dolor por medio de la mente, y creían que la muerte, si venía acompañada de gloria, era mejor que la inmortalidad. La guerra contra los romanos ha demostrado el valor de su alma en todos los aspectos. En ella han sido torturados, retorcidos, quemados, han sufrido roturas en su cuerpo y han sido sometidos a todo tipo de tormentos para que pronunciaran alguna blasfemia contra su legislador o comieran alguno de los alimentos que tenían prohibidos. Pero no cedieron en ninguna de las dos cosas, ni tampoco trataron nunca de atraerse el favor de sus verdugos mediante súplicas ni lloraron ante ellos. Con sonrisas en medio de los tormentos y con bromas hacia sus ejecutores entregaban alegres su alma, como si la fueran a recibir de nuevo.

En efecto, entre ellos era muy importante la creencia de que el cuerpo era corruptible y que su materia perecía, mientras que el alma permanecia siempre inmortal. Esta procedeía del más sutil éter y atraída por un encantamiento natural se unía con el cuerpo y quedaba encerrada en él igual que si de una cárcel se tratara. Cuando las almas se liberaban de las cadenas de la carne, como si salieran de una larga esclavitud, asciendían contentas a las alturas. Creían, al igual que los hijos de los griegos, que las almas buenas irían a un lugar más allá del Océano, donde no había lluvia, ni nieve ni calor, sino que siempre refrescaba un suave céfiro que soplaba desde el Océano. En cambio, para las almas malas establecían un antro oscuro y frío, lleno de eternos tormentos. Me parece que los griegos, según esta misma idea, asignaron las Islas de los Bienaventurados a sus hombres valientes, que llaman héroes y semidioses, mientras que para las almas de los seres malos les tenían reservado el lugar de los impíos en el Hades, donde la mitología cuenta que algunos personajes, como Sísifo, Tántalo, Ixión o Ticio, reciben su castigo. De esta forma establecían, en primer lugar, la creencia de que el alma era inmortal y, en segundo lugar, exhortaban a buscar la virtud y a alejarse del mal. En efecto, los hombres buenos se hacían mejores a lo largo de su vida por la esperanza del honor que iban a adquirir después de la muerte, y los malos refrenaban sus pasiones por miedo a sufrir un castigo eterno cuando murieran, aunque en esta vida podían pasar inadvertidos. Esta era la concepción teológica de los esenios sobre el alma y esto constituía un cebo irresistible para las personas que habían probado, aunque fuera una sola vez, su sabiduría.

Entre ellos también existían algunos que aseguraban predecir el futuro, pues desde niños se habían instruido con los libros sagrados, con varios tipos de purificaciones y con las enseñanzas de los profetas. Era raro que se equivocaran en sus predicciones, porque esto no había ocurrido nunca.

Se conoció otra orden de esenios que tenía un tipo de vida, unas costumbres y unas normas legales iguales a las de los otros, pero diferían en su concepción del matrimonio. Creían que los que no se casaban perdían la parte más importante de la vida, es decir, la procreación, y, si todos tuvieran la misma idea, la raza humana desaparecería enseguida.

De acuerdo con esta creencia, sometían a las mujeres a una prueba durante tres años y se casaban con ellas, cuando tras tres períodos de purificación demostraban que podían parir. Mientras estaban embarazadas, los hombres no tenían relaciones con ellas, lo que demuestra que contraían matrimonio por la necesidad de tener hijos y no por placer. Las mujeres se bañaban vestidas y los hombres lo hacían con sus partes cubiertas. Tales eran las costumbres de los esenios".[72]

En el libro *Antigüedades judías*, Josefo reafirma: "desde una época muy remota, los judíos tenían tres [escuelas] filosóficas en lo que atañe a sus tradiciones ancestrales: la de los esenios, la de los saduceos, y la tercera que profesaban los llamados fariseos. Aunque ya hablé concretamente de ellas en el *Segundo Libro de la Guerra Judía*, las recordaré aquí brevemente: (…) los esenios se complacen en enseñar que hay que entregarse a Dios en todas las cosas. Declaran también que las almas son inmortales y opinan que hay que luchar por obtener la recompensa de la justicia.

Envían ofrendas al templo, pero no hacen allí sacrificios, ya que son diferentes las purificaciones que suelen practicar; por eso se abstienen de entrar en el recinto común y realizan sus sacrificios entre ellos.

Por otro lado, son excelentes personas, entregados por completo a las tareas del campo. Si se les compara con los demás adeptos a la virtud, hay que admirarles una práctica de la justicia que no se encuentra en ningún otro griego ni bárbaro ni siquiera por poco tiempo, pero que aparece en ellos desde época muy remota sin que haya constituido nunca un problema:

---

72. Flavio Josefo, *La guerra de los judíos*, Libro II, 119-161.

ponen sus bienes en común y el rico no disfruta de su fortuna por encima de aquel que no tiene absolutamente nada.

Y son más de cuatro mil hombres los que así se portan. Además, no toman esposas ni adquieren esclavos; en efecto, opinan que esto constituiría una injusticia y sería fuente de discordias. Así, pues, viven en común y cumplen los unos con los otros los oficios de siervo. Para recoger las rentas y los diversos productos de la tierra eligen personas virtuosas; los sacerdotes son los que preparan el pan y los alimentos...".[73]

El historiador y enciclopedista romano Plinio el Viejo (c. 23 d.C.-79) —cuyo nombre original era Cayo Plinio Segundo, considerado la máxima autoridad científica de la Europa Antigua— nació en Novum Comum[74] pero se trasladó a Roma todavía cuando era niño. Escribió numerosos textos científicos y una obra histórica en veinte volúmenes sobre las guerras germánicas y otra compuesta de treinta y un libros sobre la historia romana que abarca desde el año 41 hasta el 71. Murió a causa de los vapores de la erupción del Vesubio, cuando intentaba estudiar los fenómenos volcánicos.

A principios del año 70 d.C. había participado como oficial de alto rango en el asedio de Jerusalén bajo el mando del que luego sería el emperador romano Tito. Conoció mucho sobre el imperio y su gente, lo que después consignó en su magnífica y fundamental obra *Historia natural*, concluida en el 77.

En el capítulo XVII del libro V de esa obra, Plinio describe las riberas oriental occidental de norte a sur del Mar Muerto. Antes de nombrar la ciudad de Enguedi, destruida por las tropas romanas en el verano del 68 y, al sur de ella, masada, menciona como únicos habitantes de la zona a los esenios, "un grupo sin par, extravagante y solitario, que vive bastante alejado de los vapores perjudiciales de la zona ribereña, que vive sin mujeres, sin relación alguna con el sexo femenino y sin dinero, solo en compañía de palmeras. Su número se renueva constantemente por obra de los recién llegados; porque allí acuden muchos que

---

73. Flavio Josefo, *Antigüedades judías*, Libro XVIII, 11-25.
74. Hoy Como, en Italia.

están hastiados de la vida y [arrastrados] por los vaivenes del destino se sienten impulsados a aceptar las costumbres [de los esenios].

De este modo, desde hace miles de siglos, subsiste un grupo en el que —algo que parece decididamente increíble— no nace nadie. ¡Así de fecundo es para ellos [los esenios] el tedio vital de los otros![75]

Finalmente, el filósofo judío heleno Filón de Alejandría (c. 20 a.C-50 d.C.), considerado como el filósofo judío más importante de su tiempo estuvo influido grandemente por las doctrinas procedentes de la filosofía griega motivo por el cual se lo consideraba también un filósofo heleno. Como su nombre lo indica, nació en Alejandría, de una familia rica y aristocrática y se formó en el conocimiento profundo de las obras de Homero y de las tragedias griegas aunque sus estudios centrales fueron filosóficos: pitagóricos, platónicos y los estoicos.

Para Filón, la divinidad de la Ley judía era la base y la prueba de toda filosofía verdadera. (…) Concebía a Dios como un ser sin atributos, mejor que la virtud y el conocimiento, superior a la belleza y la bondad, un ser tan elevado sobre el mundo que se requería una clase de mediadores para establecer un punto de encuentro entre Él y el mundo. Encontró esos intermediarios en el mundo espiritual de las ideas. La vida después de la muerte, común a toda la humanidad, diferia de la existencia futura de las almas perfectas, para las que el paraíso consistía en síntesis en la unión con Dios. Se puede apreciar la estrecha relación con el pensamiento esenio, comunidad que mencionaba en sus escritos: "Más todos, vencidos por la virtud de esos hombres los mirábamos como criaturas libres por naturaleza, y no sujetos a desaprobación de cualquier ser humano y celebraban a su manera el comer juntos o su compañerismo, no hay palabras para describir su buena fe recíproca que constituye prueba suficiente de una vida perfecta y supremamente feliz".

---

75. Plinio el Viejo, *Historia Natural*, Libro V, capítulo 17.

La estructura de la comunidad

El contenido de los documentos escritos hace dos mil años describen en detalle la organización del grupo de esenios refugiados en la soledad del desierto y hacen algunas conjeturas sobre su posible conexión con las tradiciones templarias. En la cercanía de aquellas cavernas donde se encontraron los pergaminos se hallan las ruinas de Qumran, una construcción que ha sido identificada por diversos arqueólogos como el primer monasterio en la historia del mundo occidental. No cabe duda de que el lugar había sido habitado durante un largo período de más de un siglo. Ya el primer arqueólogo que realizó excavaciones en el lugar, el Padre De Vaux de la Escuela Bíblica de Jerusalén —situada en el monasterio Dominico— llegó a la conclusión que se trataba del lugar de reunión de la secta esenia. Debido a que la parte residencial de la estructura no es muy grande, el Padre De Vaux opinó que la mayoría de los miembros de la secta habitaban en las cavernas cercanas, y bajaban al edificio central solo para cenar, efectuar sus baños rituales y rezar en conjunto.

En el curso de los años esta teoría fue rebatida por varios investigadores, pero los últimos descubrimientos de los arqueólogos Maguén Broshi —quien fuera por muchos años el Conservador de los *Manuscritos del Mar Muerto* en el Museo Israel—, y el Dr. Hanán Eshel de la Universidad Bar-Ilán, confirmaron de manera irrefutable las aseveraciones de De Vaux. En efecto, dichos investigadores descubrieron hace pocos años senderos que conducen desde Qumran a las cavernas, y allí se hallaron clavos de sandalias con 2.000 años de antigüedad, así como monedas de la época y trozos de vasijas.

Se han identificado distintos grupos como posibles prototipos de lo que era la comunidad de los esenios: los principales fueron los *tsenuim*, que significaba "los modestos o castos"; los *jashaim* que eran "los callados"; los *jasidim harishonim* que representaban a los "santos ancianos o mayores", los *nigiyye*, los *jad da at* que eran los "puros de pensamiento" y los *vatikim*, constituido por los "hombres rigurosos". Estos significados informan sobre las características de esta comunidad, cuyas enseñanzas fundamentales eran el amor a Dios, a la virtud y al prójimo.

La colectividad de Qumran aparece detallada en los manuales de disciplina como una Casa de Israel modelo, establecida con el objeto de preparar la inminente llegada del reino de Dios y el día del juicio. La congregación estaba constituida sobre bases comunales que reproducían la estructura de Israel bajo Moisés. Sus miembros se sometían a un período de dos o tres años de prueba, y eran clasificados en grados ascendentes de pureza en una asamblea anual en la que se votaban las promociones y las destituciones. Tres sacerdotes se encargaban de la dirección espiritual y estaban ayudados por doce ancianos sacerdotes laicos. Cada una de las varias sedes de la comunidad era administrada por un supervisor con funciones parecidas a las de un obispo. Este dependía de un "arzobispo" o "príncipe" de la orden completa. Debían estudiar obligatoriamente la Ley, la primera sección de la Biblia hebrea y se ha afirmado que la interpretación correcta de la misma era obra de una serie de maestros espirituales, conocidos como "comentaristas correctos" o "maestros de rectitud".

En el documento llamado el *Manual de la Disciplina* o *Ley de la Comunidad*, se establece que el creyente debe continuar viviendo bajo la ley "hasta la llegada del profeta y los ungidos de Aaron e Israel". En otro documento encontrado en la cueva N° 4 y conocido como el "Testimonio", se mencionaban un número de pasajes del Viejo Testamento que formaban las bases de las expectaciones mesiánicas. La primera era una cita de Deuteronomio 18:18-19 donde Dios le decía a Moisés: "profeta levantaré de en medio de sus hermanos, como tú". Después venía una cita de Números 24:15-17, donde Balaam prevé el levantamiento de un príncipe conquistador: "Y se levantará cetro de Israel, y herirá las sienes de Moab". El tercer pasaje era la bendición pronunciada por Moisés sobre la tribu de Leví en Deuteronomio 33:8-11. Por la forma como estos pasajes están agrupados nos dice que el escritor esperaba el advenimiento de un gran profeta, un gran príncipe o un gran sacerdote.

Entre los pergaminos del Mar Muerto hay dos, especialmente, que arrojan luces sobre la organización y principios de los esenios. Se trata del llamado *Manual de Disciplina* y el *Documento Zadoquita*. El primero está incluido en uno de los rollos de Qumran, mientras que una copia del segundo fue descubierta a fines del siglo XIX por Solomon Schechter en el repositorio (Gnizá) de la sinagoga Ezra del viejo Cairo (Fostat). Como es sabido, los textos religiosos judíos, donde aparece el nombre de Dios, no son destruidos cuando envejecen, sino que se entierran o bien se guardan en una bodega o repositorio de la sinagoga, llamada Gnizá.

Otros pergaminos del Mar Muerto contienen versiones de libros de la Biblia, comentarios de exégesis bíblica, himnos y bendiciones. Algunas de las reglas de la comunidad pueden relacionarse con las ceremonias templarias. Así, por ejemplo, cuando una persona expresaba el deseo de ingresar a la comunidad, debía comprometerse a respetar a Dios y los hombres, hacer el bien y apartarse de todo mal. Esto recuerda la iniciación templaria, durante la que se incita al iniciado a elegir el camino de la virtud y no la del vicio. Asimismo, la creencia en Dios o un Ser Supremo era condición *sine qua non* de la iniciación en logias masónicas regulares.

En la comunidad se examinaban los antecedentes del candidato, su carácter y su cumplimiento de las leyes religiosas. Cada hombre era entonces inscrito en un rango particular, de manera que cada persona quedara sujeta a su superior. El candidato debía amar a los hijos de la luz (la recepción de la luz es el momento culminante de la iniciación).

Cuando el candidato era iniciado en la secta, los sacerdotes pronunciaban una bendición especial.

Los miembros de la comunidad estaban divididos en tres clases: los sacerdotes, *cohanim*, levitas y el pueblo que recuerdan la triple división entre Maestres, hermanos caballeros y sargentos.

Anualmente se efectuaba un examen del progreso de cada miembro de la comunidad, uno por uno, desde los sacerdotes hasta los recién iniciados, y cada uno era clasificado y puesto en su lugar "de modo que nadie sea rebajado de su estado ni exaltado sobre su lugar designado".

Los miembros de la comunidad cenaban juntos, rezaban juntos y discurrían juntos. "En presencia del sacerdote, todos se sientan en orden según sus respectivos rangos, y el mismo orden se mantiene al tomar la palabra".

Esta era exactamente la costumbre en el Temple, donde los hermanos tomaban asiento en lugares determinados según su rango, y donde se concedía la palabra siguiendo un orden de precedencia igualmente determinado.

En los debates, cada uno podía tomar la palabra, según el orden, pero no podía interrumpir a otro ni hablar antes que terminara. Además, nadie podía hacerlo antes de su turno, según su rango. Nadie debía hablar de temas que no fueran de interés general para la comunidad. Nuevamente, se piensa en la Reglas templarias. Si la persona quería entrar a la comunidad, era interrogado por el Superintendente respecto a su inteligencia y sus actos. Luego, si lo consideraba apto, era presentado ante la asamblea general, donde todos daban su opinión, y su admisión era aprobada o rechazada por un voto general.

En un fragmento, identificado como 1Qsa, 1Q28a, se describen los preparativos de la comunidad ante la inminente guerra final de los "últimos días". Una de las reglas concernientes al ingreso a la comunidad, especifica que los siguientes individuos quedan excluidas: "ninguna persona con un defecto físico, lisiado en ambas piernas o brazos, cojo, sordo, ciego, mudo, o que tenga un defecto visible en la carne puede ingresar".

Una restricción parecida aparece en los antiguos reglamentos de los templarios, aunque en este caso es una condición obvia, porque los caballeros debían participar en batallas.

Si el aspirante resultaba aceptado y se comprometía a cumplir las reglas de la comunidad, se le admitía a prueba por un año, durante cuyo término el iniciado no podía participar sino como observador. Luego del primer año, él era examinado nuevamente para comprobar sus progresos. Si eran considerados adecuados, le permitían continuar a prueba durante un segundo año, y entonces debía traer todas sus pertenencias y las herramientas de su oficio, las que se entregaban en custodia al "Ministro del Trabajo". Solo al término del segundo año, y después de un nuevo examen, si resultaba aprobado, se le inscribía en su rango entre los Hermanos de la Comunidad. Recién entonces el Iniciado prestaba el juramento de rigor.

Esta sucesión de exámenes y períodos de prueba están reflejados paralelamente en las prácticas templarias aunque el período de prueba era menor: solo un año. El neófito debía imitar la pureza de sus maestros, o sea, practicar las reglas de decencia y marchar en perfecta santidad. Se comprometía a recorrer un largo camino, en la búsqueda de la luz de la Sabiduría Eterna.

En la congregación de la comunidad había doce hermanos y tres sacerdotes perfectamente conocedores de la Ley llamados "de perfecta santidad". Esto recuerda los tres "pilares" de la iglesia cristiana[76] y los doce apóstoles.

Después de finalizada la reunión del Consejo con una confesión pública y con una nueva bendición colectiva a los iniciados, estos se consagraban en cuerpo y alma a la Magna Obra, para cumplir los estatutos de la congregación.[77]

Los Maestros les inculcaban una disciplina mental, para que pudieran discernir entre el bien y el mal, y entre la luz y las tinieblas y así se lee en Reyes 3:9: "Da, pues, a tu siervo corazón dócil para juzgar a tu pueblo, para discernir entre lo bueno y lo malo".

Les enseñaban también los principios de la moralidad, la tolerancia y la solidaridad humana. Asimismo, les inculcaban ideas liberales y democráticas, a caminar por la senda del honor y la justicia; a defender al inocente y al oprimido, a proteger a la viuda y al huérfano, y por sobre todo, a ayudar al necesitado. Les enseñaban a dedicarse al trabajo, combinando el esfuerzo individual con la meditación y el estudio, para alcanzar un alto grado de sabiduría dentro de una sociedad fraterna y justa. Les educaban en el arte de reflexionar, de meditar sobre el sentido de la vida y la noción del amor al prójimo. Los iniciados, cuyas edades variaban entre los veinticinco y los cincuenta años, aprendían a "amar justicia y aborrecer la maldad". Se consideraban herederos de los reyes sacerdotes, simbolizados en Melquizédek y Salomón. Algunos, como Juan el Bautista, hacían votos de

---

76. Gálatas 2:9: "Jacobo y Cefas y Juan, que parecían ser las columnas".
77. Núm. 15:15: "Un mismo estatuto tendréis, vosotros de la congregación... estatuto que será perpetuo".

nazareos[78], de *nazir*, "separado o consagrado". El nazareo se dedicaba por completo a las prácticas piadosas; era abstemio y durante el período de su *nazareato* no podía cortarse el cabello (Números 6:1-21), ni acercarse a ningún muerto, tampoco a sus padres o hermanos. Recién al cumplir los días de establecidos se presentaba a la puerta del Tabernáculo, donde debía presentar una ofrenda al sacerdote, de la cuantía que permitieran sus recursos. Entonces se rapaba los cabellos de su cabeza, podía tomar vino y bañarse.

En el Documento Zadoquita aparece una sección especial respecto a las funciones del "Supervisor". La palabra hebrea *mefaqueaj* es el equivalente exacto del griego *episkopos*, de donde proviene "obispo". El Supervisor tenía la obligación de educar a las masas en las obras de Dios y hacerles comprender. Debía explicarles en detalle la historia del pasado y mostrarles la misma compasión que un padre muestra a sus hijos, liberar todas las ataduras que los constriñen, para que nadie en la comunidad fuera oprimido o aplastado. También debía examinar a cada neófito respecto de su conducta, inteligencia, fuerza, valor y bienes, para inscribirlo en su rango apropiado. Su función, por lo tanto, era en gran medida equivalente a la de los hermanos del Temple.

La desaparición

Se afirmaba que la época en que vivió la congregación esenia concluiría con la aparición de un nuevo comentarista y profeta (Dt. 18,18). Uno de los rollos contiene detalles de una guerra final entre los "hijos de la luz" y los "hijos de las tinieblas".

El ejército romano con Tito, y antes el persa con Nabucodonosor, fueron verdaderas avalanchas de destrucción: dejaban de tras de sí solamente tierra arrasada; la tradición de exterminio completo de los conquistados era la estrategia del vencedor. Los bienes materiales saqueados, los enemigos

---

78. No se deben confundir los términos *Nazareo* con *Nazareno*, que es el oriundo de la ciudad de Nazaret.

muertos o cautivos para ser comercializados en los mercados de esclavos.

Las legiones de Vespasiano y de Tito arrasaron Jerusalén y sus cercanías, redujeron a polvo al pueblo de Judea, quebrantaron a aquellos creyentes que no se sometían al gobierno divino del César y el exterminio fue la solución política y militar final de los romanos.

Tal como afirmó Josefo en sus escritos (ver "Las fuentes históricas"), tan viva era la fe de los esenios que no temían la muerte, lo que causó la admiración de los mismos romanos cuando atacaron Qumran. Es posible que un ejército bajo las órdenes del general romano Vespasiano saqueara la comunidad cuando marchaba a sofocar la rebelión judía que estalló en el 66 d.C. Sin embargo, la Orden de los Hijos de la Luz fue destruida durante la represión del año 70. Qumran fue arrasada y muchos esenios muertos. Los que escaparon se refugiaron junto a otros hermanos en las comunidades cristianas.[79] De la terrible destrucción que se abatió sobre este pueblo, paradójicamente brotó el cristianismo y el judaísmo rabínico y ambos dieron orígenes a la civilización occidental. Prácticamente, ambos perdieron sus principales bibliotecas, donde estuvieron depositadas las fuentes de todo el conocimiento humano que hasta aquella época se tenía. Es por ese motivo, que el descubrimiento de los Manuscritos del Mar Muerto revolucionó a toda la comunidad arqueológica y religiosa de los últimos años.

En el libro *Oh, Jerusalén*, sus autores describen de esta manera el descubrimiento: "Inquieto y solitario, un distinguido personaje subía lentamente por la calle Ben Yuhuda. Mientras que a su alrededor se celebraba la promesa del nuevo Estado judío, Eleazar Zukenik soñaba con aquel otro estado que había desaparecido casi dos milenios antes sobre los espolones rocoso de la Masa. Aquella misma noche, en la tiende de un comerciante de souvenirs árabe, cerca de la iglesia de la Natividad, en

---

79. Estos últimos esenios serían uno de los tres grupos de iniciados que formaron el misterioso Priorato de Sión, prolongación oculta de la Orden del Temple.

Belén, sus dedos habían acariciado piadosamente algunos fragmentos de pergamino petrificado cubiertos de inscripciones. Temblando de emoción, comprendió que tenía entre las manos los testimonios más preciosos jamás encontrados sobre aquella civilización desaparecida (...) tenía intención de conseguir aquellos rollos inestimables: aquellos lazos de tradición que iban a unir al Estado nuevo con la antigua nación judía. Era el descubrimiento arqueológico más importantes del siglo XX: los *Manuscritos del Mar Muerto*".[80]

---

80. Lapierre, Dominique y Collins, Larry, *Oh, Jerusalén*, Barcelona, Plaza & Janés, 1973.

Cuarta parte:
Templarios y esenios: un misterio compartido

Los enigmas que los relacionan

"Para el que cree, no es necesaria ninguna explicación. Para el que no cree, toda explicación sobra."
Franz Werfel[81] (1890-1945)

Todo halo de misterio que relaciona a los esenios con los templarios están vinculados, obviamente, con los mayores tesoros del cristianismo, en particular el Santo Grial, la descendencia de Jesús —si la hubo— y el Santo Sudario.

Aparentemente, los templarios se establecieron siempre en lugares sagrados, de mucha energía espiritual, donde ya habían existido otros cultos y construcciones religiosas. Se dice que bebieron de fuentes más antiguas, a veces no conocidas, que su sincretismo religioso conjugó el ascetismo esenio y judío con el gnosticismo[82] y el mito del Santo Grial. Resulta reveladora la similitud, por su trascendencia y rigurosidad, entre las liturgias de iniciación de ambas órdenes, el color de sus hábitos, sus votos de pobreza, castidad y humildad y el fanatismo con que cuidaron de los fundamentos del cristianismo. Según Walker[83], llegaron incluso a "adentrarse en el inconsciente colectivo indoeuropeo y sus arquetipos y su cristianismo fue solar, gnóstico, con raíces indoeuropeas en vez de judías.

81. Fue novelista, poeta y dramaturgo austriaco. Adquirió fama en Austria y Alemania al término de la I Guerra Mundial.
82. Del griego, *gnosis*, "conocimiento revelado".
83. Walker, Martín; *El misterio de los Templarios*, Barcelona, Edicomunicación, 1993.

Tal afirmación se basa ofreciendo como prueba el Cristo renano que se conserva en Puente de la Reina, camino de Santiago de Compostela, en España, en el que Jesús se encuentra crucificado sobre una horquilla de árbol en forma de Ψ, lo que lo despoja del contenido dogmático convencional y ortodoxo y lo vincula con la figura universal del Salvador". En el caso de haber existido este sincretismo religioso, necesariamente, tuvo que limitarse a unos elegidos y no a la masa combatiente. En cuanto al movimiento gnóstico, se dio en muchas sectas que profesaban el cristianismo, aunque de manera distinta de la mayoría de cristianos de los primeros tiempos. Fue una tendencia religiosa que tuvo su apogeo en los siglos II y III, que prometía el conocimiento secreto del reino divino. En 1945, un campesino egipcio encontró doce códices que contenían más de cincuenta escritos gnósticos en copto cerca de Nag-Hammadi (Egipto), que pertenecían a un grupo cristiano herético, los gnósticos. Los investigadores han prestado especial atención al Evangelio de Tomás; uno de los 12 apóstoles que pretendió recoger los proverbios, 114 en total, que Jesús le transmitió en persona.

Según los masones germánicos, los grandes maestres de la Orden habían aprendido los secretos y adquirido el tesoro de los judíos esenios, que cada uno pasaba a su sucesor. Así, se cree que Jaime de Molay, la noche de su ejecución, había enviado al conde de Beaujeu a la cripta de la iglesia del Temple de París par recobrar ese tesoro que incluía el candelabro de siete brazos tomado por el emperador Tito, la corona del reino de Jerusalén y un sudario. Se sabe por testimonio dado en el juicio de los templarios del sargento Juan de Châlons, que a Gerardo de Villiers, el preceptor de Francia, le habían avisado de su inminente arresto y escapó con una flota de dieciocho galeras y así se llevó el tesoro de los templarios. George Frederick Johnson[84] creía que dicho tesoro fue transportado a Escocia, específicamente a la isla de Mull.

Los mismos masones sostienen que los templarios han sido los guardianes del Santo Grial, el cáliz usado por Cristo en la última

---

84. Citado por Piers-Paul Read, Los templarios.

Cena, de la línea de sangre de los reyes merovingios, descendientes de la unión de Cristo y María Magdalena, o simplemente de la más preciada reliquia de los templarios, el Sudario de Turín que, a partir del descubrimiento del Mar Muerto, se afirma que estuvieron en manos de los esenios. Siempre se debe tener en cuenta que este hallazgo —y la consecuente confirmación de la existencia de la secta esenia— es relativamente reciente. Por eso, la asociación de esta con los templarios tiene apenas un poco más de cincuenta años.

Para corroborar la vinculación entre ambas órdenes religiosas algunos autores retroceden hasta el abad cisterciense de Citeaux, Esteban Hardin, amigo y mentor de Bernardo de Claraval, antes de la fundación de los pobres soldados de Cristo en 1118. Este abad buscó la ayuda de rabinos judíos para sus traducciones de los libros del Antiguo Testamento. Los textos revelaban que había un tesoro oculto enterrado debajo del Monte del Templo. Por tal razón, el protector laico de los cistercienses, el conde Hugo de Champagne, viajó a Jerusalén e incitó a su vasallo, Hugo de Payns, a establecer su orden de los templarios en aquel monte. Quizá, los documentos llevados a Palestina por Hugo de Champagne —que, sin duda, los descubrió junto con Hugo de Payns— poseían algún tipo de relación con el lugar que más tarde se convertiría en la morada de los templarios. Esto explica también el lento ritmo de reclutamiento en los primeros años de la Orden, seguramente, por la necesidad de limitar esa búsqueda del tesoro solo a unos pocos nobles de alto rango. Por ello, algunos investigadores creen que la aparente falta de actividad de los templarios en sus años de formación se debió a algún trabajo encubierto debajo del templo de Salomón o en las inmediaciones del mismo. Para esos autores, no cabe duda de que se halló algo extraordinario: ¿el Arca de la Alianza? ¿Un *medio de comunicarse con poderes externos? ¿Un secreto sobre el uso sagrado y mágico de la arquitectura? ¿La clave de un misterio sobre la vida de Cristo y su mensaje? ¿El Grial?*

Otros afirman que lo que encontraron fue la cabeza embalsamada de Cristo, aquel ídolo supuestamente adorado en secreto por los templarios llamado Bafomet.

Si no fue con certeza Hugo de Payns que la encontró debajo del templo, pudo haber sido María Magdalena, y que posteriormente la llevó a Francia, donde quedó en posesión de los cátaros guardada en su fortaleza de Montsegur. Cuando la fortificación estaba por caer ante los cruzados, tres parfaits escaparon con su tesoro y la llevaron al único lugar que estaba fuera del alcance del rey, una organización que resultaba, en todo sentido, autónoma, y que compartía casi la misma cosmovisión gnóstica de los cátaros y los primigenios esenios: la orden del Temple en Francia.

Entonces, cuando Gerardo de Villiers huyó del Temple de París en 1307, se llevó con él esa reliquia. Aparentemente, la flota de galeras templarias que partió de La Rochelle se dividió; la mitad se dirigió hacia Portugal, donde sus hombres fueron absorbidos más tarde por la Orden de Cristo fundada por el rey Diniz, y la otra mitad navegó hacia Escocia, echando anclas en el estuario de Forth. Al sur de Edimburgo estaba el astillo de Rosslyn, propiedad de la familia Saint-Clairs, de antiguos lazos con los templario. La capilla de Rosslyn era "otro templo de Salomón". Es allí, debajo de un pilar donde los templarios fugitivos enterraron "la cabeza de Jesús".

En síntesis, se han expuesto todos los elementos que conforman el núcleo de las relaciones templarias y esenias. En las siguientes líneas se intentará revelar su historia, de qué forma se supone que pasaron esos inapreciables tesoros del poder de los esenios a los templarios y cuál es su posible paradero en la actualidad.

El santo Grial

Hace más de dos mil años, según la Biblia, Jesús y sus discípulos se reunieron para una última cena, la noche anterior de que fuese arrestado y crucificado. Esta reunión dio inicio a uno de los misterios más perdurables de la historia: la leyenda del Santo Grial, el cáliz de la última cena.

"Entonces tomó un cáliz y, después de dar gracias, se lo dio y les dijo: Bebed de él, porque esta es mi sangre, la sangre que será derramada en remisión de los pecados" (Mateo 26:27). Mientras ingerían aquello, Jesús comentó a sus discípulos que uno de ellos lo traicionaría. Con un sorbo final predijo su propia trascendencia e inmortalidad. Pero, ¿cuál fue el destino de esa copa?

Las evidencias sugieren que el cáliz pudo haber estado en manos de un hombre llamado José de Arimatea que, según los cuatro Evangelios del Nuevo Testamento, era un judío rico y probable miembro del Sanedrín de Jerusalén. Después de la crucifixión de Jesucristo, solicitó su cuerpo al procurador romano Poncio Pilatos y, tras bajarlo de la cruz, le dio sepultura en su propia tumba, lugar donde se erigiría más tarde la basílica del Santo Sepulcro: "Se encontró con el discípulo y preguntó por el cuerpo de Jesús, luego el discípulo ordenó que se lo diesen. José tomó el cuerpo, lo envolvió en una sábana limpia y lo depositó en su propio sepulcro nuevo" (Mateo 27:58).

La leyenda dice que José recogió la sangre de Jesús crucificado en el mismo cáliz de la última cena. Y luego lo llevó a una tierra lejana a más de mil kilómetros de distancia, las Islas Británicas. Es posible que José de Arimatea haya sido un comerciante de estaño —metal que se extraía en esas islas— lo que explicaría por qué escogió Bretaña para difundir la palabra de Jesús. Allí introdujo el cristianismo y fundó un monasterio en Glastonbury. En el ciclo de romances artúricos, y según el relato medieval, fue quien, en el año 63, llevó el Santo Grial —en el cual había recogido la sangre de Cristo crucificado— a la colina de Glastonbury. Pero las narraciones antiguas no dicen más sobre el cáliz de Jesús.

Durante más de mil años, nadie pareció buscar el primer cáliz de la comunión ni tampoco invocó haberlo hallado. Pero, durante el siglo XII, una cantidad extraordinaria de relatos sobre el Grial surgieron en Europa Occidental. La literatura de la época se concentraba en los caballeros que buscaban el cáliz de la última cena, entonces llamado el Santo Grial. En ese siglo, miles de caballeros emprendieron Cruzadas a la Tierra Prometida para liberar a Jerusalén que estaba en manos de los musulmanes. Los cruzados estaban decididos a tomar posesión de los lugares sagrados de la vida de Jesucristo en nombre del cristianismo. Cuando recorrieron las huellas de su Señor se interesaron sobremanera por las reliquias de su vida, con el contacto de los objetos que habían pertenecido al Maestro. Ello representaba la esencia de la gracia divina.

Uno de los objetos más codiciados que buscaban los cruzados era, precisamente, el cáliz, aquella reliquia que se convirtió en el tema central de las historias del Rey Arturo y sus caballeros de la mesa redonda.

Misteriosamente, el Grial de los caballeros de Arturo poseía poderes mágicos extraordinarios jamás mencionados en la Biblia, tal vez porque la mitología celta está cargada de objetos mágicos: piedras, lanzas, espadas y calderos. Tanto en ella como en la irlandesa y galesa se piensa que estos objetos son los que dieron poder a los guerreros.

Sagrado, mágico y pleno de poder, el Santo Grial cautivó al mundo de la Edad Media.

En las historias antiguas, el asiento vacío de la mesa artúrica estaba reservado para "el que va a venir", "el elegido". Entonces, el caballero Galahad llegó a la corte de Arturo. El Grial —símbolo del camino hacia la plenitud y la unión con Cristo— apareció en el centro de la mesa. Bañada por una luz maravillosa, la misteriosa copa flotó brevemente y encantó a toda la asistencia. Luego, con la misma rapidez se desvaneció. Galahad, en realidad, representa un ejemplo, como otros de la Biblia, de dignidad: es puro, nunca fue corrompido por el pecado, sobresale de las personas comunes. Es imposible no relacionar estos relatos con la religión esenia, los hijos de la luz, y su vinculación mística con la luz, la pureza y la blancura.

Muchos no entienden por qué la Iglesia ignoró estas historias sobre el cáliz sagrado y si, en cierta forma, este representó un desafío al poder y a la autoridad de la Iglesia medieval. Algunos dicen que las desestimó porque glorificaban a la Iglesia de Inglaterra.

Aún hoy en día, en Inglaterra, los peregrinos visitan Glastonbury para ver el lugar en donde una vez se levantó la Iglesia de José de Arimatea con la creencia que fue allí donde se escondió el Santo Grial. Los árboles espinosos nativos de la Tierra Santa florecen en dicho lugar como una confirmación de la antigua historia que asegura que "nacieron del cayado de José".

En 1930, se descubrió un cuenco de cristal azul proveniente de Jerusalén en el pozo en los terrenos de la Iglesia que se convirtió en un objeto de veneración para la gente del lugar.

Otra versión cree que el cáliz sagrado encontró el camino a Escocia, donde aún yace oculto dentro de una gloriosa capilla: la magnífica capilla Rosselyn, cerca de Edimburgo, llamada del Santo Grial. Fue construida para honrar los restos de una de las familias nobles más antiguas de Escocia. Muchos de los que estaban sepultados allí eran caballeros templarios. Estos cruzados fueron conocidos como los guardianes del Grial en los romances de la época. Se afirma que hay una copa escondida en una de las columnas de la capilla, aunque el lugar ideal para esconderlo son las bóvedas debajo de la capilla que están selladas, sin acceso alguno a ellas. El secreto de la capilla Rosselyn es un misterio pero la búsqueda continúa.

Una teoría sobre el paradero del Grial indica que está guardado en una Iglesia que, según la leyenda arturiana, se trataba de un remoto y misterioso castillo, una fortaleza situada en la cima de una montaña sagrada: la ciudadela de Montsegur, en un escarpado pico en Francia.

En el siglo XIII, los miembros de una secta llamados cátaros usaron este baluarte como el último y desesperado refugio ya que en el año 1165 fueron declarados herejes. El papado lanzó una cruzada contra ellos y grandes ejércitos cayeron sobre la región. Luego de un sitio de diez meses, ofrecieron su última resistencia en los terraplenes del Montsegur y fueron arrastrados montaña abajo y quemados en la hoguera. La fortaleza fue saqueada y destruida. Después, los soldados del Papa, cuidadosamente, buscaron el Santo Grial entre las ruinas pero nunca lo hallaron salvo una pista en la pared de una cueva debajo de la ciudadela, la talla de una copa. Los relatos dicen que la misma noche antes de caer el castillo, dos o tres caballeros huyeron por las empinadas murallas hacia las cuevas que formaban un laberinto debajo del mismo. Llevaban algo muy importante para los cátaros: documentos u objetos. Según la tradición tenía que ver con el Grial sagrado.

La relación entre cátaros y esenios también es evidente por las características de su organización, el rito por la pureza, la ortodoxia en la religión, la dualidad entre bien y mal, el culto por la pobreza, el desprendimiento de bienes materiales y la vida en comunidad.

Más tarde, un poeta llamado Albrecht von Scharffenberg describió otro lugar para el Grial. Dijo que podía ser hallado en un extraordinario palacio circular decorado con joyas, cerca de un lago sin fondo. Durante muchos años, los estudiosos pensaron que el castillo descrito en su poema (del año 1270) era solo ficción. Pero, en 1938, los arqueólogos que trabajaban en Irán realizaron un hallazgo sorprendente: se trataba de los restos circulares del Trono de los Arcos, unas ruinas que tenían un asombroso parecido con el castillo mencionado. Según relatos antiguos, el Trono de los Arcos fue construido por un rey persa para albergar una reliquia invalorable del cristianismo: la cruz en la que murió Jesús. Muchos se preguntaron entonces si este templo conocido como el Takti Taktis pudo albergar otra reliquia cristiana. Al igual que el castillo del poema, el Takti era abovedado, cubierto en oro e incrustado con zafiros; el techo exhibía cartas astrológicas y constelaciones de estrellas adornadas con joyas. Lo más maravilloso fue comprobar que el lago sin fondo descrito estaba en el cráter volcánico. Pero del Grial, ni una pista.

Hay un gran número de supuestas copas que serían el Santo Grial exhibidas en varios museos en todo el mundo: un cuenco de madera en Gales llamada la copa de Nantios —esta antigua reliquia ha sido casi totalmente destruida por la veneración— otra es exhibida permanentemente en el Museo Metropolitano de Arte en Nueva York.

Parece ser que los eslabones de la cadena de pruebas conducen, a través de los Caballeros Templarios, a San Juan el Divino, y de él a por los esenios. El doctor K. Sirnork, eminente erudito alemán, apunta que la tradición del Grial es la base secreta de los templarios. Entre ellos y los esenios había cierta relación confirmada por las narraciones que indican que Jesús habría sido instruido por los esenios y que, más tarde, eligió a ciertos discípulos suyos y les confió conocimientos secretos que llegarían a los Caballeros de la Orden del Temple. En el siglo pasado, el Padre Grégoire escribió sobre las doctrinas religiosas y filosóficas de los Caballeros Templarios. Allí dice que Jesús fue instruido en una escuela de Alejandría en los misterios y la jerarquía de la iniciación egipcia, transmitida a los judíos por Moisés. Más tarde, Jesús las transmitió a sus discípulos con la autoridad de San Juan y aquellas secretas enseñanzas fueron, con el paso del tiempo, el origen de la fundación de los templarios.

De todos los enigmas que rodean al cristianismo, pocos tienen tanto misterio y símbolo como el Santo Grial: cáliz de la última cena para muchos, piedra, joya o plato para otros, y hasta vocablo críptico que esconde la existencia de un linaje real entroncando con el mismísimo Jesucristo. Por eso, el Grial es la esencia de la fe medieval.

La descendencia de Jesús

Los conocimientos sobre el Santo Grial continúan evolucionando; existe una nueva teoría que si se probara revolucionaría la historia del cristianismo. Quienes la proponen insisten en que el Grial es el símbolo de una línea directa de descendencia de Jesús hasta la actualidad. Es más, para muchos estudiosos, marca el linaje de la estirpe del rey David pasando por los hijos que Jesucristo tuvo con María Magdalena. Paralelamente, algunos creen que el Grial no es un objeto sino un árbol genealógico con un origen extraordinario: se refiere nada menos que a los descendientes de Jesús. Según esta teoría —violentamente debatida—, Jesucristo contrajo matrimonio con María Magdalena y tuvieron tres hijos, quienes llegaron a ser los gobernantes de Europa. De esta forma, el cáliz no es ya una copa como objeto material sino que representa el receptáculo, el vientre que recogió la sangre de Cristo hecha carne en la gestación de sus hijos. Incluso aluden a la expresión *Sang Real* (Sangre Real) que aparece en algunos textos primitivos y que habrían sido modificados en *San Greal* (Santo Grial) por los monjes copistas en sus transcripciones, y borra de esta forma esa pista tan comprometedora como herética sobre el linaje de la casa real de Israel.

Según la teoría de la descendencia, cuando Jesús fue crucificado, su mujer María Magdalena —que estaba embarazada— escapó por el Mediterráneo a lo que hoy es el sur de Francia. Una antigua tradición habla de la llegada de una barca al pequeño pueblo costero cerca de la actual Marsella en la que viajaba con sus hermanos Marta y Lázaro, y una niña pequeña de nombre Sara, que sería hija de Jesús. Otro hijo, llamado Jacobo[85], estaría al cuidado del hermano de Jesús, Tomás Dídimo.

Hasta el siglo XV la historia de la llegada de María Magdalena a Francia con el Grial era parte de la doctrina cristiana. De hecho, muchos creen que cuando llegó a Europa llevó un gran tesoro con ella, pero no era un cáliz, era el hijo aún no nacido de Jesucristo que crecía en su vientre.

En ningún texto canónico se dice que Jesús fuese soltero y, en algunos papiros del siglo IV, descubiertos en Naj Hammadi (Egipto) en 1945, se apunta más bien a lo contrario. Por ejemplo, el conocido como evangelio de Felipe, dice: "Y la compañera del Salvador es María Magdalena.

Pero Cristo la amaba más que a todos los discípulos y solía besarla en la boca a menudo". Y más adelante afirma: "¡Grande es el misterio del matrimonio!". Esta teoría cobró fuerza cuando relevantes personajes históricos reconocieron pertenecer a dicho linaje. Por ejemplo, el rey de Francia Luis XI, fallecido en 1483, declaró en múltiples ocasiones que era el sucesor dinástico directo de María Magdalena. De este modo, la sagrada estirpe de David se habría perpetuado en la primera casa real de Francia: la dinastía de los Merovingios.

El príncipe Miguel de Albania —actual descendiente de los Estuardo— afirmó públicamente ser descendiente directo de Jesús. Muchos investigadores han mostrado el posible origen judaico de algunas familias reales europeas.

Pero fue un descubrimiento hecho en Tierra Santa, en el siglo XX, el que confirma estas teorías revolucionarias. Nuevamente, aparece la vinculación con los manuscritos del Mar Muerto. Estos antiguos documentos relatan la historia contemporánea a

---

85. Algunos sostienen que ese niño sería San Yago de Compostela.

Cristo que varía en muchas formas de la narración del Nuevo Testamento y podría ser la clave para develar el misterio del Santo Grial.

Los pergaminos ofrecen una visión muy real de la vida diaria de los esenios, que seguían la Ley de Moisés sin las desviaciones a que la sometía el culto establecido en el Templo durante el sacerdocio asmoneo (ver "El origen de los esenios" y "La estructura de la comunidad"). Después de revisar los manuscritos, algunos investigadores concluyeron que los padres de Jesús pertenecían a esta secta y a él lo educaron en la misma tradición.

Otros preciados manuscritos descubiertos en Egipto refuerzan esta teoría.

Los defensores de la teoría de la descendencia alegan que la Iglesia hizo todo lo posible por suprimir los materiales relativos al Grial. Por otra parte, la Iglesia paralela de los descendientes de Jesús se hizo tan clandestina que sus secretos se enviaban por símbolos gráficos y marcas que solo eran conocidos por la gente que sabía. Aquellos que creen que los descendientes de Jesús fundaron muchas de las casas famosas de la realeza europea también alegan que algunos miembros de la familia sagrada pueden haber desaparecido.

Cualquiera que sea su forma o su significado, el Grial resulta un símbolo imperecedero de la creencia de que existe algo más grande que el hombre mismo: Dios.

El Santo Sudario

El Santo Sudario, Sábana Santa o *Sindone*[86], es una larga tela de lino blanco que sirvió para envolver el cadáver del ajusticiado en la cruz. Es muy probable que sobre el rostro se colocase un lienzo a modo de *sudarium*, según las tradiciones funerarias judías, y un trozo de lienzo como cinturón que mantuviera cerrada la mandíbula del difunto. La sindone es una técnica utilizada por los esenios hace más de 2.000 años, servía para envolver los cadáveres y darles sepultura.

---

86. Del griego: sábana, pieza de tela que puede ser usada como lienzo fúnebre

Su historia se remonta al momento inmediato en que Cristo fue bajado de la cruz para ser sepultado. Según los Evangelios de San Mateo, San Marcos y el de San Lucas, José de Arimatea, un discípulo de Jesús, compareció ante Poncio Pilatos, a quien le pidió el cuerpo de Cristo. Lo envolvió en una sábana limpia y lo colocó en un sepulcro suyo que había hecho abrir en una peña, y no había servido todavía y arrimando una gran piedra, cerró la abertura y partió.

Si bien es verdad que los judíos fajaban a los cadáveres con vendas, con Cristo no tuvieron tiempo, pues murió a las tres de la tarde del viernes —por ser aquel día la parasceve o día de preparación, que precede al sábado— y había que terminar la sepultura antes de que se pusiera el Sol, pues empezaba el día festivo.

Cuando San Juan y San Pedro se enteraron de que Cristo había resucitado, salieron corriendo hacia el sepulcro. Juan —que era más joven— llegó antes y esperó, por respeto, a su compañero y entraron juntos. Dice el Evangelio que cuando San Juan llegó al sepulcro, y aunque no entró, creyó en la resurrección cuando vio la sábana alisada, allanada, a ras del suelo. Si alguien hubiera robado el cadáver, el lienzo no estaría de esa forma. Una vez retirada del sepulcro —en forma apresurada— la sindone vacía, la doblaron en dos y, sobre ese doblez, en cuatro, de modo que quedara tan solo visible su rostro. Se la mantuvo oculta entre sus discípulos porque tener mortajas funerarias era un grave delito para la Ley judía. Alrededor del año 40, uno de los discípulos, Judas Tadeo, la llevó a Edesa. Georges Gharib, historiador bizantino, demostró que en Oriente la tradición dio cuenta de que ese año, el rey Abgar de Edesa estaba leproso y sanó al recibir el lienzo con la imagen de Jesucristo. Ello lo hizo convertirse al cristianismo. La sábana quedó en un monasterio de monjes. Pasado un tiempo desapareció y solo permaneció su recuerdo pues el sucesor de Abgar volvió al paganismo y los cristianos de la ciudad la escondieron.

En el año 525, durante la restauración de la Iglesia de Santa Sofía fue encontrada *casualmente* escondida en un nicho de la amurallada ciudad sobre la puerta occidental de Edesa, según lo escribe el cronista Evagrio en el 590. Teofilaco del siglo VII relató que durante una campaña contra los persas el *Mandylion* —palabra griega que designa literalmente tela que "no ha sido pintada por mano humana"— como allí se la llamaba, estaba doblada y mostraba solo el rostro de Jesucristo. Más tarde, por primera vez fue desplegada como estandarte para dar valor a los soldados de Edesa y se le atribuyó la salvación de la ciudad en el sitio llevado a cabo por los persas. Se la llamaba también *acheropita*, "no hecha por mano humana". Los ejércitos bizantinos, aproximadamente en el 944, en el curso de una campaña contra el sultanato árabe de Edesa, se apoderaron del Mandylion y lo llevaron solemnemente a Constantinopla por orden del emperador Lecapeno. La Iglesia bizantina dejó asentado en libros litúrgicos este acontecimiento, así se conserva el manuscrito griego de un sermón del día 16 de agosto del año 944 del archidiácono Gregorio de Santa Sofía, en Constantinopla, del día que llegó la Sábana Santa. En el año 1147, Luis VII, Rey de Francia visitó esa ciudad y veneró la sindone.

Después del saqueo y destrucción de Constantinopla el 12 de abril de 1204, quedó —en secreto— en manos de los Caballeros Templarios, que la conservaron en la fortaleza de San Juan de Acre hasta 1291 y desde allí la llevaron a la sede templaria de Villenueve-du-Temple, en París y hasta el año 1357 permaneció oculta. En el fatídico 1307, el rey de Francia Felipe IV el Hermoso ejecutó a los caballeros y se disolvió la orden de los templarios.

Recién en el año 1357 se tuvo otra vez noticias de la tela sagrada, ya que fue exhibida por primera vez en Europa, en la capilla de Lirey, Francia, situada a 150 kilómetros de París. Se ignora cuándo y cómo el caballero Geoffroy de Charny se hizo cargo de ella, ya que no podía revelar el origen de la misma porque había estado en manos de la orden *maldita* y por ello, hubiera sido ajusticiado como un templario renegado. Eso no impidió que el obispo de Troyes, Henri de Poitiers, a cuya diócesis pertenecía la colegiata de Lirey, pidiera explicaciones sobre el objeto que atraía tanto público. Él se limitó a dar la ambigua respuesta de que era un regalo sin mencionar nombres, que había poseído la reliquia durante tres años. Su viuda mantuvo la sábana y la dio a conocer a pesar de la oposición de dos obispos regionales. Años más tarde, su hija Margarita se hizo cargo de la sindone y fue perseguida por arrebatarla de la Iglesia de Lirey.

Más tarde, el lienzo pasó un siglo a manos del ducado de Saboya y en 1506 fue confiado a los canónigos de Chambery. Finalmente, desde 1578 la Sábana Santa se halla en la Catedral de Turín, aunque la casa de Saboya fue la propietaria de dicha reliquia, hasta que en 1983 se la legó al papa Juan Pablo II. (Ver "Cronología del Santo Sudario en Apéndice").

Arqueológicamente, las excavaciones en tumbas encontradas de la comunidad esenia asentada en Qumran desde el siglo II a.C. hasta el año 70 d.C. mostraron esqueletos de los esenios enterrados en la misma posición de la imagen de la sábana: extendidos boca arriba, con los codos hacia afuera y las manos cruzadas sobre la región pélvica. La Sábana Santa motivó también la búsqueda sobre la costumbre romana de poner monedas encima de los párpados de los cadáveres; sobre todo quería confirmarse si los israelitas lo hacían. Así, en En-Boqek junto al Mar Muerto se encontró, al lado de un cráneo dos monedas romanas del emperador Adriano (132-135), por lo que se supo que la tradición también era respetada por los esenios. El Dr. Kindler, Director del Museo de Ha-arez en Tel Aviv afirmó que se ha encontrado, también en las cercanías del Mar Muerto, un esqueleto con monedas en las órbitas. Otros investigadores, a su vez, las hallaron en calaveras del cementerio hebreo de Jericó.

Durante 1968, mientras se realizaban excavaciones para la construcción de viviendas en Jerusalén, aparecieron restos de una antigua necrópolis. Allí, el arqueólogo Vasilius Tzaferis encontró piezas de treinta y cinco judíos muertos en la gran rebelión contra Roma del año 70. Uno de ellos correspondía a un hombre crucificado: Yohanan Ben Ha'galgol, tal era su nombre inscrito en el osario. Medía un metro con setenta y siete centímetros y tenía, aproximadamente, unos veintiocho años. El patólogo israelí Dr. Nicu Haas, de la Universidad Hebrea de Jerusalén comprobó que lo habían atravesado con clavos por encima de las muñecas entre los huesos del radio y el cúbito y, además, le habían fracturado las piernas. Los detalles concuerdan con lo que la imagen de la sábana muestra como norma de crucifixión romana de la época. Para algunos investigadores, la sindone es un auténtico y confiable objeto arqueológico.

También se confirmaron, a partir de los análisis médicolegistas, hechos no conocidos hasta entonces: los clavos no pasaron por las palmas de la mano sino que lo hicieron por las muñecas; no hubo corona a modo de aro sino un casco de espinas; la herida por la lanza fue hecha después de muerto y en el costado derecho. Se confirmó el bestial castigo que había recibido antes y durante la crucifixión; había dos monedas en las cuencas de los ojos; las letras aparecidas en la sábana, analizadas con aparatos microscópicos de alta resolución, obedecían al madero de apoyo en U de la nuca, el que estaba escrito con su nombre. También se corroboró la manera particular de poner los esenios a sus cadáveres en la tumba. Finalmente, aventuraron que el cuerpo, antes de *desaparecer*, se desmaterializó y generó la misteriosa energía de luz y calor que causó la imagen negativa tridimensional de la sindone.

El Papa Juan Pablo II declaró que la Sábana Santa es un misterio "que revela y esconde" y constituye "una provocación a la inteligencia humana", que invita a todos los hombres a la contemplación y la reflexión, para lo cual es necesario acercarse a ella "con libertad interior y cuidadoso respeto, tanto de la epistemología científica como de la sensibilidad de los creyentes".

Apéndices

Cronología histórica templaria

Esta sección pretende ser un completo relato de los acontecimientos que rodearon a la Orden del Temple desde sus inicios hasta su fin.

1091	Nace San Bernardo de Claraval.
1095	Urbano II proclama la I Cruzada.
1098	Fundación de la Orden de Citeaux. Toma de Jerusalén por la Primera Cruzada.
1099	I Cruzada: Godofredo de Bouillon toma Jerusalén.
1104	Hugo de Champaña va por primera vez a Tierra Santa.
1108	Segundo viaje de Hugo de Champaña a Tierra Santa.
1110	Presencia de Hugo de Payns en Tierra Santa.
1113	San Bernardo se une a Citeaux.
1114	Tercer viaje de Hugo de Champaña a Tierra Santa.
1115	Hugo de Champaña ofrece terrenos al Cister.
1118	Hugo de Payns y ocho caballeros se asocian con el objetivo de proteger a los peregrinos en Tierra Santa y comparecen ante Balduino II para fundar la Orden del Temple. Hugo de Payns se perfila como el primer Gran Maestre de la Orden. Muerte de Godofredo de Bouillon. Nos dice Guillermo, que fue canciller del Reino de Jerusalén y Obispo de Tiro, en su *Historia rerum in partibus transmarinis gestarum* que: "En aquel año de 1119, ciertos nobles caballeros, llenos de devoción a Dios, religiosos y temerosos de Él, al ponerse en manos del señor patriarca para el servicio de Cristo, hicieron profesión de querer vivir perpetuamente siguiendo la costumbre de las reglas de los canónigos, observan la castidad y la obediencia y rechazan toda propiedad. Los primeros y principales entre ellos fueron dos hombres venerables, Hugo de Payns y Godofredo de Saint-Omer". Otro historiador (esta vez en el siglo XIII), Jacobo de Vitry —obispo de Acre— cuenta asimismo ese acontecimiento en su *Historia orientalis seu hierosolymitana*. Este, nos añade algún dato más: "Se comprometieron a defender a los peregrinos contra los bandidos y ladrones, a proteger los caminos y a constituir la caballería del Rey Soberano", "Observaban la pobreza, la castidad y la

obediencia según la regla de los canónigos regulares...", "Al principio no fueron más que nueve... y durante nueve años, se vistieron con ropas seculares...", "y como no tenían iglesia ni lugar en que habitar, el rey les alojó en su palacio, cerca del Templo del Señor... y por esa razón se les llamó, más tarde, templarios".

Tenemos, ya de entrada, un problema para situar la fecha de inicio de la Orden o de presentación ante Balduino II. Algunos historiadores abogan por 1118 y otros por 1119. Dado que las crónicas son posteriores, y conociendo que el viaje a Europa de Hugo de Payns se produce en 1127, tomamos la de 1119, ya que entre uno y otro pasan esos nueve años.

De todas formas, no se nos escapa que sus actividades se iniciaron mucho antes.

Hugo de Payns nace en Troyes, se supone que alrededor de 1080. Es oficial de la casa de Champagne y participa en la primera cruzada como responsable de las huestes del conde de Blois y de la Champagne. Se casa y tiene un hijo: Teobaldo. Fallece el 24 de mayo de 1136, siendo maestre del Temple.

Los caballeros fundadores de la Orden fueron, según la crónica: Hugo de Payns, Godofredo de Saint-Omer, Godofredo Bisol, Payen de Montdidier Archembaud, de Saint Aignant, Andrés de Montbard, Gondemar, Hugo de Champagne, Jacques de Rossal.

En todo el proceso de formación de la Orden tiene un papel importante de apoyo o incluso de incitación a su formación, el Rey de Jerusalén Balduino II. Efectivamente, residen en una parte de su palacio, particularmente, las caballerizas; pegado a la mezquita de Al-Aqsa, encima de las ruinas del templo de Salomón. Algo más tarde, los monjes custodios del Santo Sepulcro, les ceden un terreno contiguo a esas caballerizas.

Durante esos nueve años, los nueve caballeros se ganan una justa fama en la defensa de los peregrinos. Si nos atenemos a las crónicas, durante ese tiempo no aceptaron a ningún hermano nuevo, pero nos dice la lógica que la protección de los caminos, aunque fuera solamente el de Jaffa, Ramleh, Jerusalén precisaba de más hombres para que fuera de la efectividad que se dice que tenían. Por ello se puede pensar que aunque no fueran más que nueve los caballeros debían de tener una pequeña tropa regular de soldados a sus órdenes.

| 1127 | Es en este año en que Hugo de Payns y cinco de sus caballeros, que portaban una carta de presentación de Balduino II a Bernardo de Claraval y financiados por el rey de Jerusalén, regresan a Europa.

En esa carta se pide a la Iglesia que otorgue protección a ese grupo de hombres y les ayude a cumplir su misión, la de dar a conocer la Orden entre la nobleza europea y reclutar hombres para la Orden y la protección de Tierra Santa. Pero lo más importante: lograr la protección de Bernardo de Claraval —sobrino de Andrés de Montbard— para obtener la autorización eclesiástica para la fundación de la Orden y la aprobación de su regla de vida; que llamada después primitiva o latina fue redactada en Oriente, probablemente con la ayuda del patriarca Balduino II. Se basa en la regla agustiniana, que regía a los canónigos regulares del Santo Sepulcro de Jerusalén pero discrepaba de la misma en cuanto la del Temple hace referencia a la doble condición de monjes y de soldados, cosa impensable entre los seguidores de San Agustín.

Esta regla —de la que se dice que la última versión, antes de presentarse al concilio— es realizada por Bernardo de Claraval, escrita en latín, y contaba con sesenta y ocho artículos y una introducción que resaltaba la dimensión de religiosos, de los monjes: "Soldados: A vosotros, que habéis hecho voluntaria renuncia de vuestras voluntades personales, que prestáis servicio de caballería al Rey con armas para la protección de vuestras almas, velad en un sentido universal al escuchar maitines y todos los servicios, según se establece en el lugar canónico y lo que dicten los maestres regulares de la santa ciudad de Jerusalén...".

| 1128 | Con el apoyo de San Bernardo, el Maestre consigue que el Papa Honorio II convocara a un concilio que autoriza eclesiásticamente la orden ya fundada.

Quizás, en aquel tiempo, la convocatoria de un concilio no era tan inusual como en la actualidad. Ese mismo año se celebró otro en Arras y tres años antes se habían celebrado cinco, pues después de la solución a la "querella de las investiduras" hizo falta ir precisando y solucionando los puntos de conflicto entre la Iglesia y el poder temporal.

El 14 de enero da inicio a las sesiones del Concilio de Troyes. Asisten un cardenal (Mateo de Albano) que preside el concilio como legado papal en Francia, dos arzobispos (los de Reims y Sens, con sus obispos sufragáneos: 10 en total:), 6 abades (los de Vézelay, Cîteaux, Clairvaux: San Bernardo; Pontigny, Troisfontaines, Molesmes); algunos personajes laicos, tales como Teobaldo de Blois (conde de Champaña); Andrés de Baudement (senescal de champaña); el conde de Nevers y, por supuesto, una gran cantidad de clérigos del Cister que impulsó las ideas reformistas y cuya asistencia fue altamente positiva para llevar a buen fin la aprobación de la regla.

1130 Después del concilio se dedican a recorrer Europa en busca de caballeros y donaciones para la Orden. Consiguien importantes dádivas de la mayoría de las casas reinantes y se establecen en las bases de las provincias templarias en el continente, Inglaterra y Escocia. Antes de partir hacia oriente, lo que hacen en compañía de Fulco de Anjou, que viajaba a Palestina para desposarse con la heredera del reino, Payns nombra Payen de Montdidier "maestre de Francia" y este se dirige a Paris mientras los demás parten a Tierra Santa. El balance de lo obtenido resulta muy positivo. En hombres, más de trescientos caballeros fueron los que se embarcan. En donaciones, además del oro, se obtienen los *relief* de importantes feudos y la propiedad de iglesias, derecho de limosnas de determinadas iglesias en días estipulados, granjas y lugares. En prestigio, se puede decir que tanto la iglesia como los poderes seculares conocieron la nueva milicia.

En ese mismo año, Bernardo de Claraval escribe su "De laude novae militiae" (aunque algunos autores sitúan el texto entre los años 1130 y 1136). En ese elogio, según dice el mismo Bernardo de Claraval, largamente solicitado por Hugo de Payns, intenta conciliar la idea del monje y del guerrero en una sola persona. Y, a la vez y de forma muy audaz, cruza el umbral de la llamada Guerra Justa, en la que se combate por el bien común a la Guerra Santa, donde se combate en nombre de Dios.

"Un Caballero de Cristo es un cruzado en todo momento, al hallarse entregado a un doble combate: frente a las tentaciones de la carne y la sangre, a la vez que frente a las fuerzas espirituales del cielo. Avanza sin temor, no descuidando lo que pueda suceder a su derecha o a su izquierda, con el pecho cubierto por la cota de malla y el alma bien equipada con la fe. Al contar con estas dos precauciones, no teme a los hombres ni a demonio alguno.

¡Moveos con paso firme, caballeros y obligad a huir al enemigo de la cruz de Cristo! ¡Tened la seguridad que ni la muerte ni la existencia os podrán alejar de su caridad! ¡Glorioso será vuestro regreso de la batalla, dichosa vuestra muerte, si ocurriera, de mártires en combate!".

1136 El 24 de mayo fallece Hugo de Payns. Le sucede Roberto de Craón, llamado: "El Borgoñés", un noble originario de Anjou.

Si con Hugo de Payns se crea la Orden y se da a conocer entre la nobleza y el clero europeos, con Robert de Craón se consolida, se crea una base sólida y estructura para poder gobernarla con eficiencia. A lo largo de su maestrazgo muestra dotes de líder hábil y diplomático. Tuvo la sensatez de renunciar a la herencia de Alfonso I de Aragón y consiguió importantes privilegios de la Iglesia.

1139 29 de marzo: Se promulga la bula "*Omne datum optimim*", que fue la carta magna de la Orden. En ella, Inocencio II libera al Temple de toda sujeción a la autoridad eclesiástica, excepto la del Papa y concede, además, otros importantes privilegios: les permite conservar el botín tomado a los sarracenos; situa la Orden bajo la tutela exclusiva de la Santa Sede, de forma que únicamente depende de la autoridad del Papa; reseña que la autoridad de la Orden recaiga en el Maestre y ubica la casa capitana en Jerusalén; estipula que se debía de tener la condición de hermano profeso para ser elegido maestre y que la elección debía realizarla "todos los hermanos juntos, o por lo menos los más juiciosos"; prohibe modificar "la regla" —solamente el maestre, con la venia del capítulo ostentará esa facultad—, como también que se exija a la Orden ningún tipo de servicio u homenaje feudal; inhibe que los que abandonan el Temple sean admitidos en otras ordenes, salvo con la autorización del maestre o del capítulo; confirma la exención de diezmos y el disfrute de los recibidos, con el consentimiento del obispo; los autoriza a tener sus propios capellanes, quedando estos fuera de toda jurisdicción diocesana; concede a la Orden la facultad de construir oratorios en lugares anexionados al Temple, para orar y ser enterrados allí.

1140 Probablemente, el año en que se produce la traducción al francés de la regla Latina. Se realiza con algunas modificaciones sustanciales:
· Se suprime el periodo de prueba o noviciado, excepto para los capellanes.
· En su artículo 2º "De los hermanos excomulgados", el traductor sustituye "*ubi autem milites non excommunicatos congregare audient...*", justamente por el texto contrario: "Allá donde conocierais que están reunidos caballeros excomulgados, allá os mandamos que vayáis". Del resto del artículo se evidencia que no se trata de un error de transcripción, sino que el cambio fue realizado con toda la intención. Los templarios obtienen la ciudad de Gaza y la fortaleza de Safed, en Galilea.

1144 La bula "Militis templi" les concede el beneficio de hacer colecta una vez al año en cada iglesia secular. Cae en manos del Islam, el condado de Edesa, en Tierra Santa. Es el hecho que desencadena la II cruzada.

1145 La bula "Militia dei", dirigida a los obispos, les notifica la autorización al Temple para construir sus oratorios.

1147 Eugenio II asiste al capítulo general de la Orden, en la nueva casa de París, donde están presentes el Rey de Francia, el arzobispo de Reims y diversos prelados. Se reunen ciento treinta caballeros de la Orden para preparar la cruzada, es donde el Papa concedió al Temple la cruz en el manto, "en el lado izquierdo por encima del corazón". Los cronistas no dieron más detalles de la cruz, salvo que era de tela, cosida en el manto y "... los del temple la llevan sencillamente bermeja...".

1149 Fallece Roberto de Craon. Lo sucede Everardo de Barres, que parte a Francia en compañía de Luis VII, que asimismo regresó de la cruzada.

1150 De Barres preside un capítulo en París (14:05:1150). Andrés de Montbar, Senescal de la Orden, le escribe una carta anunciándole la muerte de Raimundo de Antioquía y le reclamó en Jerusalén.

1151 En lugar de regresar a Tierra Santa, De Barres decide buscar una vida más tranquila y se retira al monasterio cisterciense de Cîteaux. El temple reclama su vuelta en varias ocasiones, sin resultado. Fallece el 25 de noviembre de 1174, en el mismo monasterio. Bernad de Tremelay es Maestre del Temple. Diversas fuentes citan también a Hugo Jofre como Maestre.

1153 En el sitio a la fortaleza de Ascalón muere Tremelay. El nuevo maestre es André de Montbart, de la familia de Bernardo de Claraval.

1156 17 de enero: fallece Andrè de Montbard. Lo sucede Bertrand de Banqueford. En este tiempo, el número de templarios llega a 20.000 y sus rentas a 40 millones de francos.
La bula "Dilecti filii" obliga al clero secular a aceptar la cuarta parte de la donación testamentaria —en lugar de la tercera, como era lo habitual—, por parte de quienes desean ser enterrados en cementerios templarios.

1160	Queda estructurada la organización de la Orden, a través de los Retraits. Constaban de 675 artículos y se agregan a la Regla de la Orden. Definen la vida conventual y el estado jerárquico, regulaban los capítulos, la elección de Maestre, y los castigos y penitencias para las violaciones de la regla. Asimismo, fijan la forma de admisión de los aspirantes.
1163	Es elegido Maestre Felipe de Mailli (o de Naplusia).
1169	Se produce la renuncia del maestre F. De Mailli. Resulta elegido Odón de Saint Amand, que había sido mariscal del Reino de Jerusalén. Este último es hecho prisionero por Saladino, en Sidón y muere en cautividad (Damasco, 1179).
1171	Es Maestre, Arnoldo de Torroja, que había sido Maestre de Cataluña y Aragón.
1179	El Papa amonesta a templarios y hospitalarios por sus continuas rencillas y luchas internas.
1181	Fallece Arnoldo de Torroja y lo sucede Gerard de Ridefort. Es posible que entre los dos fuera Maestre Frai Terrico.
1185	El sultán Saladino derrota a los cruzados en la batalla de Hattin. Mueren en la contienda 200 templarios. Se pierde la ciudad de Jerusalén. Cae San Juan de Acre. El Temple se instala en Chipre. Gregorio VIII llama a la III Cruzada.
1187	4 de octubre: Muere G. De Ridefort, que intenta reconquistar Acre. En manos cristianas, en Tierra Santa quedan únicamente Tiro, Tripli y Antioquia.
1189	Elegido Maestre Robert de Sable, natural de Anjou.
1190	Reconquista de Acre. Los Templarios volvieron a su establecimiento principal.
1191	5 de abril: el temple abandona el castillo de Nicosia y toda la isla de Chipre.
1192	Muere R. de Sablé. Gilbert Erail lo sucede. Es Maestre de Provenza.
1193	Ponce Rigaldo resulta ser el nuevo Maestre, ya lo había sido en España.
1198	La red de establecimientos dentro de Europa proporciona servicios financieros fiables, honrados y eficaces a los gobernantes, incluso a los reyes de Inglaterra y Francia.
1200	Felipe de Plaissiez es elegido nuevo Maestre.
1201	El Papa Inocencio III hace reproches al temple.
1208	Guilaume de Chartres es seleccionado Maestre.
1209	El temple ataca el castillo de Khawabi, de la secta de los asesinos.
1210	Se entrega a la Orden el Castillo Peregrino.
1218	Muere Chartres en Damieta. Lo sucede Pierre de Montaigú, preceptor de Jaime I, en Monzón.
1219	La Orden se enfrenta a Federico II, que había intentado, sin éxito, tomar Acre.

1229	(Hasta 1235.) Se establecen los usos y costumbres en los Estatutos jerárquicos.
1230	Armand de Perigoud, nuevo Maestre, negocia con el sultán de Damasco la restauración del culto cristiano en Jerusalén.
1232	Richard de Bues, Maestre. Muere Armand de Perigoud y trescientos doce caballeros en la batalla de Herbiya. Pérdida definitiva de Jerusalén.
1244	Guillaume de Sonnac es elegido nuevo Maestre.
1247	6 de junio: Batalla de Damieta.
1249	Batalla de Mansurah. Luis IX y el temple sufre una impresionante derrota. En la retirada muere de Sonac (5 de abril). Le sucede Reinaldo de Vichiers, preceptor de Francia y Mariscal de la Orden. El temple tuvo 20.000 miembros.
1250	Muere Vichiers. Thomas Berard Maestre.
1256	(Hasta el 1267) Se establecen las Consideraciones (ceremonias).
1257	Profesa Jacobo de Molay.
1267	El sultán de Egipto, Baibars, captura el Krak de los Caballeros de la Orden del Hospital.
1271	Muere Bérard. Lo sucede Guillaurne de Beaujeu. Entre los dos es posible que fuera Maestre Wilfredo de Salvaing.
1272	El concilio de Lyon intenta la unión entre templarios y hospitalarios.
1274	Es coronado Felipe IV, rey de Francia.
1285	Se pierde Trípoli.
1287	Se pierde San Juan de Acre, última ciudad cristiana en Tierra Santa. De Beaujeu muere en el combate. Thibau Gaudin lo sucede.
1291	(Tal vez, ¿1292/1296?) J. de Molay resulta Maestre.
1294	Expedición templaria a Egipto.
1299	Se pierde la isla de Rouad, frente a la fortaleza de Tortosa.
1303	Cónclave de Perusa. Surgieron las primeras acusaciones contra el Temple.
1304	14 de noviembre: Clemente V —cuyo nombre original es Beltrán de Got— es coronado Papa en Lyon. Propuestas del Papa para unificar las órdenes militares. Clemente V ordena a J. de Molay a viajar desde Chipre.
1305	A principios de año llega de Molay a París. 14 de septiembre: el Rey de Francia envía a los jueces cartas selladas con la orden de arresto de los templarios por "presunciones y violentas sospechas" originadas por la "denuncia" de Esquieu de Floryan.

14 de octubre: se difundió en París el manifiesto real y se ejecuta la orden de arresto. Las acusaciones son de apostasía, ultraje a Cristo, ritos obscenos, sodomía e idolatría.

19 de octubre al 24 de noviembre: se procedió a los interrogatorios. De los 138 interrogados, 36 murieron por por torturas.

27 de octubre: el papa Clemente V protestó ante Felipe de Francia por el arresto.

22 de noviembre: la bula "Pastoralis praeminentiae" de Clemente V ordenó a los príncipes cristianos que arrestaran a los templarios. El cambio de actitud se debe a la gravedad de las acusaciones.

1306	25 de marzo: el rey de Francia convocó los Estados Generales y exigió que los templarios fueran condenados. (26 de mayo) Felipe El Hermoso se desplazó a Poitiers para entrevistarse con el Papa. 27 de junio al 1 de julio: setenta y dos templarios comparecieron ante Clemente V. El Rey mantiene la custodia de los bienes, pero la de las personas pasó a la Iglesia. 12 de agosto: se nombraron comisiones eclesiásticas bajo la autoridad del obispo de cada diócesis.
1307	8 de agosto: la comisión eclesiástica de París abre las sesiones, un año después de su constitución. 26 de noviembre: comparecieron ante la comisión J. de Molay.
1308	11 de mayo: concilio provincial en Sens: cuarenta y cinco templarios revocaron sus confesiones, son acusados de relapsos y quemados al día siguiente.
1309	5 de junio: la comisión episcopal da por terminados sus trabajos, coincidiendo en que no se puede condenar a la Orden sin haber oído públicamente su defensa.
1310	16 de octubre: apertura del Concilio de Vienne.
1311	20 de marzo: Felipe se apersonó en el Concilio de Vienne. 22 de marzo: se promulgó la supresión sin condena: "Vox in excelso". En Escocia no podía cumplirse porque el Rey Robert de Bruce estaba excomulgado. 2 de mayo: la bula "Ad Providam" distribuyó los bienes del temple.
1312	Se dieron a conocer Bulas papales para que los reconciliados fueran recibidos en monasterios.
1313	18 de marzo: sentencia contra Molay y signatarios
1314	19 de marzo: mueren en la hoguera Molay y Charnay, en la Isla de los Judíos en París.

Maestres de la Orden del Temple

Hugo de Payns	1118 - 1136
Roberto de Croan	1136 - 1146
Everardo des Barres	1146 - 1149
Bernardo de Tremelai	1149 - 1153
Andrés de Montbard	1153 - 1156
Bertrando de Blanquefort	1156 - 1169
Felipe de Milly	1169 - 1171
Odo de St. Amand	1171 - 1179
Arnoldo de Toroga	1179 - 1184
Gerardo de Ridfort	1185 - 1189
Roberto de Sable	1191 - 1193
Gilberto Erail	1193 - 1200
Felipe de Plessiez	1201 - 1208
Guillermo de Chartres	1209 - 1219
Pedro de Montaigu	1219 - 1230
Armando de Perigord	1232 - 1244
Ricardo de Bures	1245 - 1247
Guillermo de Sonnac	1247 - 1250
Reinaldo de Vichiers	1250 - 1256
Tomás Berard	1256 - 1273
Guillermo de Beaujeu	1273 - 1291
Teobaldo de Gaudin	1291 - 1293
Jac Jacques de Molay	1293 - 1314

Cronología de los Papas: desde 1073 hasta 1314

San Gregorio VII	1073-85		Inocencio IV	1243-54
Beato Víctor III	1086-87		Alejandro IV	1254-61
Beato Urbano II	1088-99		Urbano IV	1261-64
Pascual II	1099-1118		Clemente IV	1265-68
Gelasio II	1118-19		Beato Gregorio X	1271-76
Calixto II	1119-24		Beato Inocencio V	1276
Honorio II	1124-30		Adriano V	1276
Inocencio II	1130-43		Juan XXI	1276-77
Celestino II	1143-44		Nicolás III	1277-80
Lucio II	1144-45		Martín IV	1281-85
Beato Eugenio III	1145-53		Honorio IV	1285-87
Anastasio IV	1153-54		Nicolás IV	1288-92
Adriano IV	1154-59		San Celestino V	1294
Alejandro III	1159-81		Bonifacio VIII	1294-1303
Lucio III	1181-85		Beato Benedicto XI	1303-4
Urbano III	1185-87		Clemente V	1305-14
Gregorio VIII	1187			
Clemente III	1187-91			
Celestino III	1191-98			
Inocencio III	1198-1216			
Honorio III	1216-27			
Gregorio IX	1227-41			
Celestino IV	1241			

Cronología de la Sábana Santa

Siglo I: los evangelios relataron que el manto que envolvió a Jesús se encontraba plegado. Habría sido recogido y custodiado por los cristianos. Para los hebreos, el manto que rodeó un cadáver era un objeto impuro que no podía ser expuesto.

Siglo II: existen registros de que en Edessa —actual Urfa, Turquía— había una imagen de tela con el rostro de Jesús.

525: durante la restauración de la Iglesia de Santa Sofía, de Edessa, se registró el descubrimiento de una imagen de Jesús llamada *acheropita* —no hecha por mano humana— o *Mandylion*, pañuelo. Numerosos testimonios la relacionan con el Sudario, sobre todo porque los puntos de coincidencia entre los rasgos de las copias del Mandylion —que fue profusamente reproducido— y la sábana superan los cien.

944: los ejércitos bizantinos, en el curso de una campaña contra el sultanato árabe de Edessa, se apoderaron del Mandylion y lo llevaron solemnemente a Constantinopla el 16 de agosto. El Mandylion era en realidad la Sindone plegada de modo que se viera solo el rostro.

1147: Luis VII, rey de Francia, la veneró durante su visita a Constantinopla.

1171: Manuel I muestra a Amalrico, rey Latino de Jerusalén, las reliquias de la Pasión, entre las cuales estaba la sábana.

1204: Robert de Clary, cronista de la IV Cruzada, escribió: "Todos los viernes la sindone es expuesta en Constantinopla [...] pero ninguno sabe qué ha sido de la tela después que fuera saqueada la ciudad". La sábana desapareció de Constantinopla y es probable que el temor a las excomuniones que pesaban sobre los ladrones de reliquias haya alentado su ocultamiento. Diversos historiadores suponen que la reliquia fue llevada a Europa y conservada durante un siglo y medio por los templarios.

1314: la orden caballeresca de los templarios resultó suprimida y disuelta. Se les acusaba de realizar cultos secretos no cristianos. Uno de los líderes templarios era Geoffroy de Charnay.

1356: Geoffroy de Charnay entregó el Sudario a los canónigos de Lirey, cerca de Troyes, en Francia. Explicó que había poseído la reliquia durante tres años.

1389: Pierre d'Arcis, obispo de Troyes, prohibió la exhibición de la sindone.

1390: Clemente VII, antipapa de Avignon, se refirió a la Sábana Santa en dos cartas.

1453: Margarita de Charnay, descendiente de Geoffroy, cedió el Sudario a Ana de Lusignano, esposa del duque Ludovico de Saboya, que lo llevó a Chambéry.

1506: el papa Julio II aprobó la Misa y el Oficio propio de la sindone y permitió el culto público.

1532: incendio en Chambéry, en la noche del 3 al 4 de diciembre. La urna de madera revestida de plata que guarda el sudario se quemó en una esquina y algunas gotas de plata derretida atravesaron los diversos estratos plegados del lino. Dos años después, las Clarisas cosieron los parches actualmente visibles.

1535: por motivos bélicos, la tela fue transferida a Turín, luego a Vercelli, Milán, Niza y nuevamente a Vercelli, donde permaneció hasta 1561, año en que fue regresada a Chambéry.

1578: Emanuel Filiberto de Saboya, el 14 de septiembre transfirió la reliquia a Turín para abreviarle el viaje a San Carlos Borromeo, que quería venerarla para cumplir un voto. Desde entonces, las exhibiciones se realizaron en ocasiones de celebraciones particulares de la Casa de Saboya o por Jubileos.

1694: el 1 de junio se colocó definitivamente en la Capilla del Arquitecto Guarino Guarini, anexa al Domo de Turín. Aquel mismo año el beato Sebastiano Valfré reforzó los bordes y los remiendos.

1706: en junio, el sudario fue transferido a Génova a causa del asedio de Turín, al fin del cual es regresado a la ciudad.

1898: fue tomada la primera fotografía por el abogado Secondo Pia, entre el 25 y el 28 mayo. Con ella se iniciaron los estudios médico-legales.

1931: durante la exhibición por el matrimonio de Umberto de Saboya, la sindone fue fotografiada nuevamente por Giuseppe Enrie.

1933: exhibición para conmemorar el XIX Centenario de la Redención.

1939/1946: durante la Segunda Guerra Mundial, la sindone fue ocultada en el Santuario de Montevergine (Avellino), del 25 de septiembre de 1939 al 28 de octubre de 1946.

1969: del 16 al 18 de junio se produjo un reconocimiento de la reliquia de parte de una comisión de estudio nombrada por el cardenal Michele Pellegrino. Se realizó la primera fotografía a colores, tomada por Giovanni Battista Judica Cordiglia.

1973: primera exhibición televisiva en directo (23 de noviembre).

1978: celebración del IV Centenario de la transferencia de la sindone de Chambéry a Turín, con exhibición pública del 26 de agosto al 8 de octubre. Se realizó también el primer Congreso Internacional de Estudio de la Sindone. Los expertos de Shroud of Turin Research Project (STURP) efectuaron la investigación de ciento veinte horas.

1980: durante la visita a Turín, el 13 de abril, el papa Juan Pablo II venera la reliquia.

1983: el 18 de marzo murió Umberto II de Saboya, y donó la sindone al Papa.

1988: el 21 de abril se tomaron porciones de la reliquia para la cuestionada prueba del Carbono 14.

1992: el 7 de septiembre un nuevo grupo de expertos efectuaron un reconocimiento de la Sagrada Tela para ver la manera de mejorar su preservación.

1993: el 24 de febrero la sindone se transfirió tras el altar mayor del Domo de Turín para permitir los trabajos de restauración de la capilla guariniana.

1995: el 5 de septiembre el cardenal Giovanni Saldarini anunció las dos próximas exhibiciones, del 18 de abril al 14 de junio de 1998 —para celebrar el centenario de la primera fotografía— y del 29 de abril al 11 de junio del 2000, con ocasión del Gran Jubileo de la Redención.

1997: en la noche entre el 11 y el 12 de abril un incendio dañó gravemente la capilla de la sindone. El bombero Mario Trematore rompió la estructura de vidrio y salva la reliquia.

1998: el 18 de abril se realizó la última exhibición.